El soborno de Caronte

Manuel García Viñó

El soborno de Caronte

sobre autenticidad e impostura
en las letras y
las artes contemporáneas

ACVF EDITORIAL
MADRID

Diseño de la colección:
La Vieja Factoría
Ilustración de cubierta: reproducción del óleo «Hay quienes intentan lo imposible», de Pepi Sánchez.

Editor:
José Ramírez

Editor técnico.
José Miguel García Martín

Lectura de prepublicación:
José Ramírez

Primera edición en ACVF: octubre 2012

ISBN: 978-84-940221-4-2

Impresión digital bajo demanda. Disponible también en eBook.

*Para Antonio Enrique, Pedro M. Domene,
José Lupiáñez, Gregorio Morales Villena,
Fernando de Villena, promotores del
Manifiesto de Granada; para Antonio
Martínez Cerezo, Luis de la Peña, mi
hijo Pablo, y otros, como todos ellos,
sobornadores de Caronte y denunciadores
de la Impostura*

Prólogo a la edición de 1995

Yo también he descendido a los infiernos como Ulises y descenderé a ellos otras veces todavía; y, para poder hablar con algunos muertos, no he sacrificado solamente corderos ni he economizado mi propia sangre.

Friedrich Nietzsche

El título *El soborno de Caronte* tiene una larga historia. Ha pertenecido incluso a otros libros, o proyectos de libros. Uno de ellos, de carácter autobiográfico, llegó a estar anunciado en los catálogos del Secretariado de Publicaciones de la Universidad de Sevilla, en 1971; pero una alusión mía al Opus Dei hizo que miembros del Patronato de la Universidad exigiesen del dicho Secretariado que lo retirase, cuando ya estaba en segundas pruebas. Había nacido, sin embargo, mucho antes, en Sevilla, la ciudad donde nací y de la que, como decía Bécquer, tan viva guardaré siempre la memoria.

Fue una mañana de 1949 o 1950 cuando, haciendo el trayecto de la calle Sierpes que va desde la calle Rivero —una librería de viejo— a la librería Sanz —de libros nuevos—, casi en la plaza de San Francisco, comprendí que tenía que sobornar a Caronte, si quería hacer algo que mereciese la pena en el universo de la literatura en el que había decidido vivir. Me haría el muerto y pondría debajo de mi lengua una moneda de oro, de cinco veces más valor del estipulado para el cruce de la laguna Estigia. Así, el barquero fúnebre me pasaría vivo al otro lado, donde podría escuchar el final de la *Sinfonía incompleta,* donde interrogaría a Edgar Poe por el secreto de *Ulalume* y a mi entrañable Gustavo Adolfo Bécquer por el misterio de las leyendas que no llegó a escribir.

Todo ello iba encaminado a convertirse en un libro del estilo de *Gog* o *El libro negro,* de Giovanni Papini. Muy pronto me di cuenta de que yo no tenía ni preparación ni paciencia para componer un libro así. Pero el título continuó acompañándome y, poco a poco, convirtiéndose en el germen de una teoría estética —la que plasmo en este libro—, de la cual algo adelanté en un ensayo publicado en la banda coloreada de uno de los primeros números de *Poesía Española*, el 66, correspondiente a enero de 1958.

Al prólogo del nonato primer *Soborno de Caronte* pertenece la siguiente parrafada, que me parece oportuno traer aquí, a despecho de alguna eventual repetición:

«Caronte, como todo el mundo sabe, era el barquero que, según la mitología griega, transportaba a los muertos de una orilla a otra de la laguna Estigia o el Aqueronte, el río del olvido. Para pagar el barcaje, a los cadáveres se les ponía el precio (de uno a tres óbolos) debajo de la lengua. Pues bien, siendo aún estudiante en la Facultad de Derecho de la Universidad de Sevilla, en los tiempos en que un grupo de amigos hacíamos la revista *Guadalquivir* y empezábamos a publicar nuestros primeros poemas, se me ocurrió escribir un libro que empezaba así: yo me metía vivo en la barca de Caronte y, para sobornarle, colocaba bajo mi lengua una pieza de oro. Así conseguía pasar al otro lado, donde me dedicaba a visitar a los artistas y escritores que, por entonces, acaparaban mis admiraciones: a Bécquer, Calderón, Cervantes, Lope de Vega, Poe, Oscar Wilde, Murillo, Zurbarán, Valdés Leal, Chopin, Schubert, Debussy, Albéniz, Turina, Falla, etc., quienes me revelaban el secreto de su obra. Evidentemente, un libro así requería una cultura que yo no tenía entonces ni tengo ahora, por lo cual nunca lo llegué a empezar.

»Pero, años más tarde, caí en la cuenta de que mi fábula del soborno de Caronte simbolizaba a la perfección la idea básica de uno de mis más enraizados principios estéticos, sobre el cual ya he escrito y hablado muchas veces. A mi manera de ver, el único realismo permisible en una obra de arte es el dimanante de la operación de salir de la realidad para volver a ella desde fuera. Y en eso precisamente consistía mi fingida aventura. En sobornar al barquero del río del olvido. En salir del mundo para volver a él con la mirada limpia de todo tipo de convenciones y valores entendidos. En mirarlo desde allí, como lo miró Adán, y ponerle de nuevo nombres a sus seres y a sus cosas. Y como toda mi vida no ha sido hasta ahora sino un intento continuo de sobornar a Caronte, por eso este libro, que trata de mi vida, se llama así.

»Se unen, pues, aquí dos viejas aspiraciones mías, ninguna de las cuales, por otra parte, se llega verdaderamente a consumar. Ambas, con el paso del tiempo, se han convertido en "otra cosa". Como yo mismo me he convertido en otro ser distinto al que las concibió.»

En mi *Guía sentimental de Sevilla* (Barcelona, Júcar, 1993), que constituye, en realidad, mi «Teoría de Sevilla», afirmaba yo, luego de contar algunas de estas cosas, que *El soborno de Caronte* sería mi obra más importante, precisamente porque no la iba a escribir jamás. Y, sin embargo, heme aquí en el pórtico del libro, ya escrito, como secuela de la *Historia de una impostura* que escribí sobre *La novela española desde 1939* (Libertarias/Prodhufi, Madrid, 1994). Algo se ha aligerado en los lugares donde fraguan mis sentimientos y mis pensamientos, después de ponerle fin. Ahora sé que se trataba de algo inevitable, fatal, como lo demuestra —al menos, para mí— el hecho de haber encontrado la cita del Maestro con que encabezo este prólogo cuando ya lo había concluido, como si se tratase de una muestra de aquiescencia o, si se me permite, una bendición.

Al elemento, afirmativo, de la teoría estética que explayo, no he tenido más remedio que añadir aquí otro de rechazo: señalar la impostura, tan necesario en un momento, como el nuestro, de institucionalización de la mentira desde las raíces mismas de la sociedad y de la cultura o, mejor dicho, de lo que ocupa —parcialmente, claro está— su lugar. De ahí la necesidad en que me he visto de incluir esa parte cuarta, el contenido de muchos de cuyos parágrafos (no todos) alguien tal vez piense que sobrepasa el propio de la obra. El caso es que ellos se formularon a partir de «descubrimientos» que me han llevado a una determinada postura ante los fenómenos espirituales, la cual condiciona mi visión del arte y de la actitud de sus creadores.

M. G. V.

I

EL PINTOR (Y EL ESCRITOR)

1.

En un momento o lugar de la historia del arte en que la cadencia se ha vuelto monotonía; la manifestación, espectáculo; el estilo, imitación o desconcierto; la personalidad, histrionismo; el compromiso, juego; el mensaje, propaganda; el valor, precio; y la inspiración, vacío, los únicos pintores con que se puede contar para poner las bases de una nueva época plástica son aquellos que constituyen lo que, con término pedido prestado a la física, en su papel actual de cosmología, podríamos llamar *una singularidad.*

2.

Son artistas que sufren —o gozan— de *la obsesión por lo invisible;* esa necesidad de búsqueda de lo desconocido que se presenta como principio de cualquier auténtica actividad del espíritu —el arte es una de ellas—, encaminada a superar los condicionamientos de lo estrictamente material afincado en lo estrictamente terreno, para elevarse o sumergirse en el ámbito de la más diáfana luz o de la tiniebla más compacta; que en el punto privilegiado por la llamada vienen a ser una y la misma cosa.

3.

El afortunado espectador que alcance a oír, ante la Obra[1] de uno de estos artistas, ese crujido diamantino que sólo se produce en la entraña más profunda y en el siempre único primer instante, sepa que se trata del mensaje que se lanza cuando se ha dejado de creer en todo y no se puede creer ya más que en uno mismo.

4.

No cualquier artista tiene derecho a decir lo que dijo Nietzsche en *Ecce homo:* «Yo vengo de alturas que ningún

ave ha sobrevolado nunca; yo conozco abismos en los que todavía no se ha extraviado pie alguno». Bécquer sí lo tenía, y por eso escribió, en la *Rima XLVII:*
Yo me he asomado a las profundas simas de la tierra y el cielo, como hubiese podido decir cualquier iniciado —Píndaro y Sófocles entre los primeros— en los misterios de Eleusis; y como podría decir cualquier artista *singular.*

5.

El día que se pueda contemplar con la suficiente perspectiva, se verá que, en los comienzos de la segunda mitad de nuestro siglo, el panorama de la pintura cambia radicalmente. No digo que cambien todos los elementos, pues el caso es que muchas *Obras* particulares siguen siendo *las mismas,* con la natural evolución, en 1960 que en 1980 o 1990; digo que cambia el panorama.

En la década de los cincuenta, con el informalismo y el tachismo (que puede que constituyan una y la misma cosa), finaliza prácticamente la época de los *ismos.* Entonces se empieza a hablar de *nueva figuración,* de *action painting,* de *pop art, minimal art, arte povera, arte conceptual,* etc. Cuando aquéllos, los *ismos,* parece que «renacen», se denominan con algunos de esos vocablos que empiezan por *neo.* Si, desde bastante tiempo antes, se ha empezado a preferir hablar de *tendencias* y no de *escuelas,* ahora ya casi no se sabe de qué hablar, porque no se tiene la sinceridad suficiente como para hablar de *modas.* El fenómeno refleja, por una parte, la aceleración de la historia, que entra en una etapa trepidante; por otra, el hecho, cierto, de que la sociedad occidental vive un momento crítico y despersonalizado.

6.

Nuestro momento histórico —y, en el orden de ideas en que pretendo moverme, «nuestro momento histórico» es lo que llevamos de la segunda mitad del siglo— carece de un estilo propio. Hoy todo vale, lo que prácticamente es lo mismo que decir que nada vale. En el momento inmediatamente anterior, época de las vanguardias históricas, que se extiende hasta los últimos *ismos* propiamente tales, ya mencionados, yo he mantenido en más de una ocasión (especialmente, en mi libro *Arte de hoy - Arte del futuro*[2]), que el día que se pueda considerar sin escándalo como pertenecientes a un mismo ciclo cultural a Mateos y a Cossío, a Vlaminck y a Manessier, se verá cómo la visión esquematizada, nebulosa, descompuesta, transformadora hasta de los más mínimos detalles de la realidad, era común denominador de un estilo que, en una visión superabarcadora, se sobreponía a todos los *ismos* historiográficos ante los que el espectador de hoy se desconcierta. Y ello, al margen de que las manifestaciones concretas formaran parte de las tendencias figurativas o de las llamadas abstractas.

7.

Para la época posterior, algo semejante ya no es posible. El hiperrealismo (vocablo en el que el prefijo *hiper* sustituye al *neo,* como en las marcas de detergentes) convive con los movimientos epigonales del constructivismo o la abstracción geométrica, «actualizados» asimismo mediante la denominación: *neogeo*. Es una sola de las muchas pruebas que se podrían aducir de que las técnicas del consumismo han invadido, con todas sus consecuencias, el mundo del arte. De hecho, el que *todo valga* forma parte del mismo juego, una de cuyas consecuencias es la sustitución del valor por el precio.

8.

Todo cuanto de importante y sólido ha aportado el siglo XX a las artes y las letras se produjo antes del ecuador del siglo, en el propio ecuador y hasta unos pocos grados de «latitud sur» [3]. Y la «filosofía» que permitió su realización estaba constituida por unos contenidos sociológicos, antropológicos y cosmológicos, que culminaron en el Mayo del 68. A partir de muy poco después, vino la quiebra —toda esa serie de *caídas* que he relacionado en el punto 1—, quiebra en la que todavía estamos y de la que únicamente se salvan personalidades aisladas (o singularidades, claro), que ciertamente se enraízan en una tradición, pero que cada vez se ve menos claro que formen parte de un todo o, siquiera, un algo coherente, con signatura epocal; que comunican, a través de su obra, la sensación de llevar en sí mismas el germen de la vida y de la extinción, la certidumbre de que lo que aparentemente les siga será *otra cosa,* en modo alguno consecuencia de lo por ellas realizado. Son como voces de náufragos que han tenido suerte.

9.

La crisis es indudable. En la historia del arte, hay épocas fecundas y épocas estériles, y la nuestra se encuentra entre las estériles. Sin la menor vacilación, se puede asegurar que, en cualquier espacio cultural que se contemple, menos en uno, nuestra época es inferior a alguna o algunas de las que la han precedido. La excepción son las ciencias de la naturaleza, especialmente la física, que ha sustituido a la metafísica o, mejor, es física y metafísica e intenta decir, le dice, al hombre de dónde viene y a dónde va, qué es esto que le rodea y ofrece expansión a su ser, si su destino es absolutamente trascendente o trascendente en la inmanencia: hacia el otro, los otros, los que le sigan, como beneficiarios de su conducta. Esta rama del conocimiento no deja de crecer, aunque, ciertamente, fue en la primera mitad de nuestro siglo cuando estableció las dos teorías que han cambiado por completo la visión del universo: la teoría general de la relatividad y la mecánica cuántica. Ésta a escalas ínfimas, que pueden llegar hasta la billonésima de centímetro. Aquélla, a otras que van desde unos pocos kilómetros hasta, por el momento, 2,5 billones de años-luz, que es la distancia que puede abarcar el telescopio de cinco metros de diámetro del observatorio de Monte Palomar. Aunque, para la mayoría de la gente, esta revolución haya pasado inadvertida, ello no obsta para que todos, lo sepamos o no, vivamos en un universo completamente distinto del que habitaron nuestros abuelos. La discusión, ahora, es sobre si ese universo es finito o infinito, con un principio en el *big-bang* y un final en el *big-crunch* y puesto en marcha por un Creador, o si se trata de un universo, como quiere Stephen Hawking, sin un borde espacial, sin principio ni final en el tiempo, y en el que no hay lugar para un Creador. Es evidente que un vuelco en la cosmología como el que una y otra posibilidad determinan, tiene que dar lugar forzosamente, a través de la cosmovisión que impongan, a un nuevo paradigma estético.

10.
El hombre consciente, el hombre auténtico de hoy no se encuentra consigo mismo en el arte de hoy. Menos aún, con un dios o un anti-dios. Con nadie que le ofrezca siquiera atisbos de soluciones u horizontes hacia los cuales mirar, pero tampoco con una gorgona que le plantee los enigmas de su estar en el mundo, de su relación con lo que, visible o invisible, le rodea, de su destino. La preocupación del

artista de hoy no es el hombre, individual o colectivamente considerado, ni tampoco el mundo; es llamar la atención de los periodistas y de los potenciales compradores. En cuanto al espectador, le interesa como alguien que se divierta o no ante su obra, que considere ésta como un adorno o una inversión rentable, o no le interesa en absoluto. Porque el arte, o lo que ocupa su lugar, no ofrece siquiera mitos sustitutivos, salvo el dinero o la fama (el poder), de los mitos eternos: aquéllos a los que los seres humanos se agarraban para no naufragar en las tempestades del terror metafísico.

11.

Lo peor no es que el arte actual sea, en términos generales, mediocre; lo peor es la desorientación, la crisis, el hecho de que nuestra época, en arte, carezca de un lenguaje propio y se alimente forzosamente de un continuo *revival,* y que, en terrenos siempre patrimonio de las Bellas Artes, como el de la arquitectura, se pueda hablar de la desaparición de todo componente estético en la mayor parte de las obras. ¿Pretendo con esto decir que, en este ámbito, no «tenemos» absolutamente nada? Pues no, no pretendo eso. En medio de un panorama tan desolador, se salvan algunos; no pocos. En medio de la mediocridad dominante, emergen algunas personalidades. Ante la carencia de un estilo definitorio de nuestra época en arte, el único ingrediente que hoy se vislumbra como soporte estructural sólido para no caer en lo meramente repetitivo o *neo* es la *personalidad.* Personalidad que, como he tratado de mostrar en otra parte, se manifiesta de tres modos: abriendo horizontes a la senda del experimentalismo, mas sin detenerse en lo puramente material; extrayendo un jugo inédito a los componentes plásticos tradicionales, o plasmando, mediante éstos, un mundo simbólico impar[4].

12.

Cuando la *personalidad* supera cierto grado de sublimidad, que el espectador capta como el eco de algo perteneciente a *otra dimensión,* es cuando se puede decir que estamos en presencia de lo que antes he denominado *una singularidad.* La personalidad puede tener manifestaciones muy diversas y, por tanto, no da origen a un estilo epocal. Pero sí puede dar lugar a la creación de *grandes Obras,* entendida esta expresión como aludiendo al conjunto de la producción del artista personal o singular.

13.

Para «descubrir» a una *singularidad* suele bastar una obra (un cuadro, una novela, una escultura); para detectar a una *personalidad,* es necesario contemplar una serie de ellas; prácticamente, *la* Obra. La singularidad implica la personalidad, pero no viceversa. En cualquier caso, los artistas personales, sean singulares o no, lanzan, en medio del desierto ideológico de una sociedad sin escala de valores, esencialmente hedonista y, por ello, consumista, su mensaje particular. ¿Representarán esas voces aisladas, hermanadas por hacer eso y por considerar la obra de arte, no un valor de consumo, sino la manifestación de un espíritu individual en forma sensible, el papel de ese único justo de la leyenda bíblica, capaz de salvar a toda una ciudad? El futuro lo dirá. Si es que hay futuro y si, para cuando llegue, no se ha consumado la muerte del arte hace tiempo prevista por Hegel.

14.

La obra del artista sólo personal todavía posee una de la cualidades definitorias de la pintura perteneciente al llamado «arte moderno»: el *fragmentarismo,* sólo latente aún en el impresionismo, el expresionismo y otros *ismos* iniciales, patente ya en el cubismo, creciente a partir de éste, e imperante en la abstracción geométrica, el tachismo y buena parte de la nueva figuración. Lo impone el espíritu de la época, esa aceleración de la historia de que hemos hablado, y no sólo a la pintura. *Los hermanos Karamazov, La educación sentimental, Fortunata y Jacinta* son novelas que constituyen mundos completos, cerrados en sí mismos. Entre la pregunta de un personaje y la respuesta de otro, se ha dicho, cabe toda una novela de Nathalie Sarraute. Las casi trescientas páginas de *Quelqu'un,* de Robert Pinget, se llenan de la «peripecia» de un hombre buscando un trozo de papel. Lo mismo en pintura. Un cuadro de Ortega Muñoz o de Mark Rothko sería un diminuto trozo del fondo de uno de Piero de la Francesca. Lo que Soulages representa en una obra de cuatro o más metros de largo sería la firma ampliada de un pintor barroco.

¿Significa este fragmentarismo algo así como las catacumbas o los monasterios medievales de una manifestación de la cultura que se resiste a morir? ¿Intenta cada uno de los miembros de esta casta de héroes lo que intentaban los hombres-libros de Ray Bradbury, en *Fahrenheit 451?*

15.

La actitud de los artistas *singulares* tiende a demostrar que la respuesta a la anterior pregunta debe ser afirmativa. Ellos se imponen la misión reintegradora, frente a la dispersión y el fragmentarismo, de ofrecer en cada obra el reflejo plenamente significativo de la concepción del mundo que la Obra, en su totalidad, constituye. Cada cuadro, cada novela, podríamos decir, representa un sistema; cada Obra, un universo.

16.
¿Una concepción única, válida para todos, como en la Edad Media? Esto no parece posible. El elemento aglutinador del *movimiento,* que Marilyn Ferguson ha llamado *conspiración,* sería, en el campo estético, la existencia de contenidos, su búsqueda, no el hecho de que cada contenido ofrezca *ya* unos principios comunes; que haya contenidos, aunque parezcan contradictorios entre sí. En el fondo, no lo serán. La superación del hedonismo, del ludismo, de la concepción de la obra de arte como valor de cambio, hermanará todos los intentos.

17.
Como consecuencia lógica de las normas del viejo paradigma, se llegó inclusive a la realización de arte «en equipo» (en nuestro país, el Equipo Crónica, el Equipo Córdoba, etc.). Hoy, entre las características del nuevo paradigma, hay que señalar el renacimiento del individualismo, patente en personas que no aceptan —porque saben que no son nuevas, por tanto, que no son válidas— las soluciones del espiritualismo colectivo que en tiempos recientes —aun ahora mismo— ha desembocado, como ha señalado John Naisbitt, en el surgimiento de infinidad de iglesias. Por eso, el *nuevo* artista tiene que ser forzosamente *personal* o, mejor todavía, *singular,* en el sentido apuntado. La espiritualidad personal impulsa a nutrirse de los propios recursos interiores. Y esto, y hasta que el nuevo paradigma

alcance una aceptación universal, tiene que seguir dando lugar a *obras de búsqueda,* hermanadas por el hecho de serlo, difícilmente por sus características formales. Insisto: no puede haber un estilo de la época, aunque todas estas Obras, hasta las más dispares entre sí, expresen idéntico *Zeitgeist.*

18.

De una manera o de otra, todo escritor, todo artista, es lírico; proyecta en su obra sus sentimientos personales y las fricciones o las complicidades de su yo con el mundo que le rodea, sea mundo físico, sea universo de ideas y de valores. La diferencia del artista válido respecto al que no lo es estriba en que la expresión del artista auténtico refleja también los sentimientos, conflictos y complicidades de otros seres humanos, que ven en él a su intérprete o su guía.

19.

Como señaló Emmanuel Mounier, todos los pensadores existencialistas, ateos como cristianos, se mostraban unánimes en su personalismo. No llegan a negar todo valor a la colectividad, pero, en materia de existencia, dijo Kierkegaard, es uno solo el que alcanza el fin. O Berdiaeff: «El sujeto del conocimiento es la persona humana». Digo esto para hacer notar con mayor énfasis que las Obras que pueden salir, que están saliendo, de las cenizas mismas de los estilos pertenecen a un tipo de arte que algo —o mucho— debe al existencialismo, el cual, como dijo Sartre desde el titulo de una de sus obras, «es un humanismo». Pienso que el ladrillo que, a partir de Nietzsche, se podría añadir a este edificio sería el de señalar a los artistas como esos seres excepcionales que llevan en sí, y por y para los otros, la representación de la humanidad. Parece evidente que, dentro de un sistema personalista, el artista representa algo así como un individuo al cuadrado. Pero un individuo, ciertamente, que no se encierra en sí mismo, sino que, con esa fuerza duplicada, se abre, a través de sus obras, a los demás.

20. Personalismo no es subjetivismo. Cierto que, en determinados casos o en determinados momentos, la búsqueda puede desembocar en el *impasse* de una soledad desesperada. Pero ésta no es la pretensión en el punto de partida ni tampoco el resultado que, la mayor parte de las veces, nos dice la experiencia que se alcanza. De hecho, ningún artista auténtico se plantea su labor para autocontemplarse. (Tampoco el inauténtico, aunque por otras razones). Se la plantea para explicarse a sí mismo, el mundo, a sí mismo *en* el mundo, el mundo *ante y frente a* sí mismo... En todos los casos, abriéndose a los demás. Y no diré que en actitud de servicio o con voluntad desinteresada. La psicología nos diría que el verdadero artista no sólo no quiere, sino que *no puede* ser otra cosa.

21.
Hablando como filósofo, Jaspers diría que el mundo que el artista intenta explicar no es *el* mundo, sino *su* mundo. Que, como cada cual, el creador de la Obra —plástica, literaria— no ha elegido su puesto de observación, sino que ha nacido en una situación cuya razón puede inclusive desconocer. En una palabra, que, como para el pensador, para el artista hay un mundo objeto, pero que éste no es el mundo de la experiencia. Ningún existente puede situarse

como si estuviera fuera del mundo para abarcarlo en su totalidad, como un dato exterior.

Pienso que, ciertamente, para su trabajo, el filósofo se vale del mundo que le ofrece *su* situación, así como de lo que le aporten las visiones de otros, muy especialmente los científicos. Pero el artista dispone de dos situaciones, por lo mismo que es una personalidad duplicada: la normal y la de la inspiración. Es ésta la que le permite sobornar a Caronte, es decir, salir de la realidad para volver a ella desde fuera. Entonces puede contemplar algo más que *su* mundo, mucho más que *su* mundo; entonces puede abarcar, aun inconscientemente, una totalidad, e inclusive *la* totalidad. Porque, por la fuerza de la inspiración, accede a un punto de vista más alto, donde a la suya se unen otras conciencias, otras miradas, otras mentes, o, mejor, esa conciencia, esa mirada, esa mente colectiva, por decirlo así, cuya génesis y proceso describe Stapledon en su novela *Hacedor de estrellas*.

22.
El sobreprecio del barcaje, necesario para el soborno, fue, para Edgar Poe y otros obsesos por lo invisible, el delirio de la droga. Pero no siempre es preciso acudir a ayudas externas para duplicar la situación, el puesto de observación; para acceder a la realidad desde fuera, para contemplarla sin estar inmerso en ella. El propio rapto de la inspiración provoca la acción de unos quimismos capaces de propiciar el acceso a la superconsciencia.

23.
Sea cual sea la forma, quien logra sobornar a Caronte permanecerá ya para siempre atado a un péndulo en movimiento, que le situará a veces sobre la realidad, a veces

fuera de ella, en otros mundos del superespacio cuántico, en el que bullen también sueños, deseos, memorias aún no realizadas, pero realizables. Cada vez que logre apresarlas y plasmarlas en la obra, estará contribuyendo a la creación de un universo estético personal, que lo será aunque tenga concomitancias con los universos de otros artistas.

24.

La emoción del contemplador (lector, espectador) es producto del hecho de que su intuición estimativa, no su intelecto, advierte el vértigo de esa pendulada hacia fuera, esa estremecedora salida de la realidad —objetos, palabras, figuras, gramática, técnica, materia, ideas, experiencias— que le hace quedar suspendido, flotando en un ámbito sin sustentáculos familiares y, por lo mismo, misterioso.

25.

Es en el ensueño, que no es tal, según se entiende en el lenguaje y el pensamiento ordinarios, sino excursión al ámbito de lo metafísico real, dimensión del hiperespacio cuántico, virtual hasta el momento del soborno, donde está el germen, la esencia de toda posible literatura. Cuando se vuelve de Allí, el mundo físico, la vida, resultan diferentes; y esa diferencia los eleva, al mundo y a la vida, a la instancia estética. Sobornar a Caronte, lograr salir de la realidad para poder volver a ella desde fuera, es el secreto del arte no realista, no-de-sentido-común, el único verdadero arte.

26.

No son, no pueden ser las formas realistas las más altas manifestaciones del arte. Éste será mucho más elevado en cuanto su realización se asemeje más a la verdadera creación *ex nihilo*.

27.

A partir de los marjales de la Estigia, tierra adentro —tierra cada vez más reseca, conforme se aleja de la laguna—, impera una estética lúdica o, como mucho, esteticista. Sólo por la ruta del soborno se puede devolver al arte su papel de lenguaje nacido de la intuición y el sentimiento, aunque dominado por la razón.

28.

Bécquer, otro artista obsesionado por lo invisible, se preocupó de analizar el «mecanismo» de acceso a la superconsciencia, según he mostrado en mis dos libros sobre él[5]. Para Bécquer, aunque no lo expresara con un lenguaje tan elaborado, el arte es algo exterior al artista, un «discernimiento exterior» que le guía, una superconciencia, una sensibilidad, que, como dice Berenguer Carisomo, «le arrastra con mandato superior inapelable». Algo que, cuando tiembla la mano del artista poseído de una idea o un sentimiento, hace que el pincel o la pluma dejen un rastro propio, que las líneas acusen algo particular, algo impalpable, indefinible, que permanece palpitando como la estela de perfume y luz que deja tras de sí una divinidad que ha desaparecido; algo, en fin, que constituye la prueba de que por allí ha pasado la inspiración. Tan exterior al artista es, para Bécquer, el arte, que llega a afirmar:

Podrá no haber poetas; pero siempre habrá poesía.

Que es lo mismo que sugiere en las leyendas *Maese Pérez el organista* y *El Miserere,* en que, aun desaparecido, o no presente, el intérprete, la música sigue sonando, como sólo los arcángeles podrían hacerla sonar «en sus raptos de místico alborozo».

Este situar el arte en un mundo trascendente de valores no solamente implica la doble situación del artista, sino la necesidad también de un mecanismo que permita la realización, la objetivación, de la obra, como algo más que la vaga imagen de un sueño o un deseo. Para Bécquer, ese mecanismo viene representado por la fusión de inspiración y razón. La primera es caótica, sin sentido, agitada, capaz únicamente de despertar en el espíritu «deformes siluetas de seres imposibles», como dice en la rima III. En cuanto a la razón, dice en la misma composición, representa la voz gigante que es capaz de ordenar en el cerebro todo ese caos. Una y otra están en el hombre. Para que surja el arte, es necesario que ambas se unan; algo que no ocurre en el espíritu de todos los hombres. Según Bécquer (id.),

tan sólo a un genio es dado
a un yugo atar las dos.

Pienso que esa atadura se produce precisamente en el instante —el momento creativo— en que el artista vuelve a la realidad desde fuera, desde su observatorio externo, desde su personal mundo de ideas y valores.

29.
El artista singular produce, lógicamente, obras de arte singulares, y estas obras de arte tienen sus propias leyes, su propia justicia, su verdad particular, su armonía, su lógica interna, su estructura, que les pertenece y no puede pertenecer a ninguna obra más. Estructura no visible, sino invisible, y aparente tan sólo a fin de cuentas, hasta en sus rasgos más característicos. Como la eclíptica, que no es lo órbita del sol y, sin embargo, como tal se dibuja sobre las estrellas. Invisible, incatalogable, engañosa inclusive

para su propio artífice. Y es que las obras de arte, como las obras de amor, se diferencias de los demás objetos en que, al tiempo de estar siendo materialmente creadas, está teniendo lugar el nacimiento de su arquetipo en el mundo de las ideas. Arquetipo sólo existente en potencia en la realidad trasmundana. Reflejo de un reflejo es la obra de arte, como la obra de amor. Y artista, o amante, en cada caso, quien acierta, al hacer su obra, con la única e irrepetible ordenación.

II

EL ESCRITOR (Y EL PINTOR)

30.

La estética de la novela, este final de milenio, ofrece grandes similitudes con la filosofía de la época helenística: es una estética epigonal, que, en el mejor de los casos, pone vino nuevo en odres viejos y, en el peor, vino viejo en odres viejos.

31.

En España, la novela posterior a la de la Generación de los 60 adolece de las mismas carencias que la pintura *imperante* en esa época, al ser una novela sin compromiso ético ni estético y estar contagiada en exceso del componente lúdico de las obras de los extraordinarios fabuladores hispanoamericanos. Es, fundamentalmente, novela *de tema,* cuyos productos, como los de la moda en el vestir y los de las artes plásticas, podrían ser calificados de neogóticos, neorrenacentistas, neomodernistas, neomiliunanochescos y hasta neohollywoodenses, etc. Y pienso que la gran crisis de valores que sacude este final de milenio exige algo más profundo de quienes sean capaces de pensar: poner orden en la tabla axiológica, por ejemplo; levantar una concepción del mundo y de la vida que responda a exigencias más serias que las que tienen los espectadores de los concursos y los culebrones televisivos; mostrar a los seres humanos que hay otras dimensiones existenciales desde las cuales puede elevarse esta desnortada civilización nuestra a más altas aspiraciones; encontrar respuesta para esta gran pregunta: ante la crisis de las iglesias, ¿qué tipo de religión va a funcionar en el futuro o qué es lo que, en el futuro, va a sustituir a la religión? Porque la dimensión espiritual del hombre, como la material, siempre necesitara *algo* con que alimentarse. André Malraux y nuestro Juan Eduardo Cirlot hicieron afirmaciones que se podrían traducir por esto: el siglo XXI será espiritualista o no será. Añado yo: con trascendencia o con inmanencia, pero con un sentido; un sentido que no sea el del simple hedonismo ni el de la estricta materialidad.

32.

El artista, el escritor singular[6], sabe que sólo hay dos profesiones que merecen la pena: aquéllas en que se juega uno la vida y aquéllas en que se juega la razón. «De todo lo que se escribe, sólo me interesa lo que un hombre escribe con su propia sangre». Así hablo Zarathustra. La mayoría de los escritores y pintores actuales no sólo no escriben o pintan con su propia sangre, sino que mojan la pluma para escribir sus cositas en el mismo tintero en que la mojan para firmar los cheques. Sentados a la manera de los oficinistas o de pie a la manera de los tenderos. Su mentalidad no da para inspirarles otra clase de postura (su imaginación ni siquiera les sugiere que pueda haberla), como la que, por ejemplo, adoptó Faulkner para escribir *La paga de los soldados:* apoyado, mientras vigilaba de noche un almacén, sobre un grasiento bidón.

33.

Una de las ideas que subyace a todo lo que estoy diciendo es la ya apuntada de que todo cuanto de importante y sólido ha aportado el siglo XX a las artes y las letras se produjo antes del ecuador del siglo, en el propio ecuador, y hasta unos pocos grados de «latitud sur». Y la filosofía que permitió su realización estaba constituida, como he dicho, por los contenidos de toda índole que culminaron en el Mayo del 68. Pero, entretanto aquellas aportaciones se realizaban, el sistema creado por los mercaderes del arte y el pensamiento se había hecho tan fuerte que, aunque en la fecha mentada llegó a tambalearse, pudo sacar fuerzas de flaqueza y lograr engullir en buena parte —o hacer creer, con poderosa capacidad persuasiva, que lo había hecho— los logros mejores de la revolución, mediante su más titánica, y quizá, a la postre, agotadora operación de *marketing* y lanzamiento de imagen. El propio Marcuse manifestó, en alguna entrevista, ser consciente de que así había ocurrido. Y que sus libros convertidos en *best sellers* se contaban entre las pruebas más evidentes de que así había ocurrido.

34.
A pesar de lo dicho, se equivocan *interesadamente* quienes aseguran que nada ha cambiado desde entonces y ocupan satisfechos su butaca de primera fila delante del televisor. Mírese un poco más abajo de la superficie y se verá que, como todas las revoluciones que «fracasan», *algo* ha dejado ésta que hace que nada sea ya como antes: en este caso, por causa de que, como dice Edgar Morin, «en la sociedad occidental se ha instalado la conciencia de que ya no hay nada seguro; para los ortodoxos de cualquiera de las *religiones,* sean marxistas, sean católicos, ningún dogma entre otras cosas»; para los *ateos* frente a cualquiera de esas religiones, añado yo, los hedonistas y materialistas de cualquier signo, el mito del progreso indefinido, que llevó a hablar, en las mismas vísperas del acontecimiento, de «civilización del ocio» y de «economía del bienestar».

35.
La quiebra del sistema es un hecho. Como consecuencia de ella, pienso que está cantado que, a principios del próximo milenio —ya se observan síntomas en aceleración—, la literatura y el arte se volverán forzosamente a *interiorizar,* mediante normas *nuevas* que ahora se están gestando —de

hecho, no han dejado de gestarse, aunque haya sido en las catacumbas o en el subsuelo wellsiano de los morloch—sobre los fundamentos, salvados, al margen de la corriente que nos lleva, por el personalismo irreductible de unos pocos auténticos creadores aislados; formas que lo serán todo menos lúdicas, y que aflorarán por el camino de una espiritualidad no trascendentalista, sino inmanentista; es decir, no religiosa, sino ética y estética, humanista.

36.
Pero que el sistema haya quebrado o esté quebrando no puede llevarnos a la ingenua conclusión de que ha dejado o está a punto de dejar de hacer daño. Hasta es posible que, en sus últimos coletazos, se lleve por delante desde la más pequeña brizna de hierba hasta la más alta capa de ozono, pasando por muchos miles de seres humanos y toneladas de productos culturales. Uno de los resultados de la «operación» a que me he referido en el punto 33 fue el consistente en hacer que, después de engullidas las formas artísticas, trituradas y malamente digeridas en los estómagos de los bancos y las multinacionales, fueran devueltas en forma de subproducto, aunque envueltas en vistosos celofanes y, por supuesto, bien pregonadas. Por eso es de un movimiento procedente del interior del propio arte de donde tiene que venir el impulso reordenador de la escala de los valores.

37.
«Con frecuencia se oye decir —escribió Hans Sedlmayr— que el arte se podría poner nuevamente en orden cuando la sociedad, y antes su tabla de valores, se ordenase. Esto es, desde luego, cierto. Pero sería falso decir que el arte no puede contribuir algo por sí propio, y hasta muy esencialmente, a dicha ordenación». Y Philipp Lersch,

en su obra *El hombre en la actualidad,* otorga al arte y a la literatura un lugar primerísimo en el proceso de salvación del mundo actual. Después de estudiar las consecuencias espirituales del racionalismo a la luz de los profetas de la decadencia de Occidente, esboza un sistema de defensas capaz de facilitar la salida de la encrucijada. Dicho sistema de defensas lo basa en la por él llamada interiorización. Interiorización como oposición a la superficialidad de la vida moderna, a sus prisas y desraízamientos. No se trataría, por supuesto, de volver atrás la rueda del racionalismo, la racionalización y sus logros positivos. Si el hombre de nuestra época posee todavía posibilidades de desarrollo, éstas no pueden consistir en un movimiento de regresión frente al avance de la técnica. Lo que pueda tener ésta de nefasto no se supera con su renunciamiento, sino poniendo la máquina, la organización y el aparato al servicio de la vida, sin dejar que ésta se ahogue en aquéllos. La interiorización, para Philipp Lersch, ha de actuar mediante una triple tarea. Consiste la primera en una interiorización del corazón, que encuentra para él su expresión total en la conciencia religiosa. Por la segunda, se trata de la desmasificación mediante la educación para la independencia y la responsabilidad individuales. La tercera tiene por objeto la poetización del mundo. Por ésta aprendemos a ver en él no sólo estados apropiados e inapropiados para nuestros fines, sino también contenidos de sentido espiritual.

Si ha comprendido bien lo dicho al final del punto 35, el lector entenderá que donde Lersch habla de «conciencia religiosa» yo situaría, o añadiría, otra expresión.

38.
Todo este estado de espíritu desembocó, en el campo de la narrativa, en movimientos con carga ideológica, como

los *angry young men,* en Inglaterra, la *beat generation,* en los Estados Unidos, y, entre nosotros, el existencialismo espiritualista, cristiano o no, sobre el que se fraguó el movimiento de la novela metafísica, a partir de una serie de obras aparecidas, todas ellas, en 1961/62 y debidas a autores que no se conocían entre sí[7]. Y, en lo estético, fundamentalmente, en el *nouveau roman* francés, que influyó decisivamente en la segunda hornada de obras de los metafísicos, conocidos ahora ya como grupo de la «nueva novela española» o del «realismo total».

Y era lógico que fuese en Francia donde se produjese la sustitución de las preocupaciones contenutistas por las estéticas, porque Francia se había adelantado en aquéllas llevando el existencialismo a la palestra de la narrativa y el teatro, en definitiva, a la calle, posibilitando los movimientos inglés, americano y español, que he citado al principio de este punto.

39.
Los movimientos esteticistas son siempre importantes, por lo que arrasan de conceptos caducos y formas periclitadas. De hecho, son los movimientos esteticistas los que hacen crecer los géneros. Quienes los desarrollan son los grandes sacrificados de la historia del arte, pues llevan a cabo su labor a costa de quedar marginados en un lapso muy breve de tiempo. Hoy día, nadie lee ya poemas ultraístas, pero sí lee poemas de Alberti, de García Lorca, de Gerardo Diego, cuyas imágenes y metáforas, todavía vivas y sorprendentes, no hubieran podido existir, de no haber oreado el campo de la poesía el aire nuevo y vivificador del ultraísmo.

40.
Quienes cumplimos los veinticinco años en la década de los cincuenta, esto es, quienes bebimos en los manantiales

del existencialismo, creíamos firmemente en todo aquello del mensaje, el compromiso, la literatura y el arte como medios para influir en una sociedad que nos parecía injusta y vacía y, por lo tanto, de transformación del mundo. Como consecuencia de todas estas creencias, pensábamos que un escritor, un artista, estaba para algo más que para ganar dinero y lucirse, y que, como había dicho Sartre a una periodista, «si la literatura no lo es todo, no merece ni una hora de esfuerzo. Eso es lo que entiendo por compromiso. Se consume si se la reduce a la inocencia, a canciones. Si cada frase escrita no resuena a todos los niveles del hombre y de la sociedad, no significa nada. La literatura de una época es la época digerida por la literatura».

41.

¿Para qué se escribe? ¿Para qué sirve el arte si no es para explicar el mundo? ¿Para entretener? ¿Para adorno? Para eso, ya hay otros medios en nuestra época. Hoy, muchos novelistas, la mayoría, se dedican a divertir, bien entendido, después de divertirse ellos; pero el novelista que realmente cumple su papel es aquél que logra conmover la conciencia de su lector, haciéndole entrar en conflicto o en armonía con él o consigo mismo.

Esto, naturalmente, influye en el terreno de la forma o, por mejor decir, de la actitud, que viene a confundirse, como tantas veces, con la aptitud. Juan Francisco Lerena ha señalado en algún lugar, como la característica más importante de todo artista, «la capacidad de transformar lo obvio, la de crear o recrear lo que nos es dado, la de cambiar la naturaleza o verla desde perspectivas nuevas e iniciáticas, sin someterse a aceptar o copiar la realidad aparente, situado en la subjetividad, en la conciencia y en el subconsciente».

42.

Fue la «generación del medio siglo» la que le preparó el terreno a la última generación comprometida de la centuria, la de los centauros del 68.

Ya he hablado, en el punto 35, de los frutos de aquella esperanzadora primavera, con los que los auténticos jóvenes —esto es, los que lo son según el espíritu y no sólo según la biología— nos identificamos. Todo cuanto vino después a ocupar el primer plano de la atención social y ha sido representativo del momento es lúdico, como corresponde a una sociedad esencialmente hedonista y consumista, cuyos representantes —que, en este terreno, ya no son los artistas, los escritores, sino los galeristas y los editores— no tienen otros objetivos que los comerciales.

Los *best sellers* que se producen después del 68 son lúdicos. Tras su lectura, no queda otra sensación, en el mejor de los casos, que la de haber pasado un rato divertido. Y lúdicas son igualmente la pintura y la escultura que se ha hecho al dictado de la máxima postmodernista del «todo vale», a partir de la década de los setenta. La consigna es fabricar, de cara al eventual comprador, una imagen del creador que haga el producto vendible. Más que como artistas —palabra que, para los escritores del medio siglo implicaba, y no me importa pasarme de solemne, la posesión del «fuego sagrado»—, se comportan esos «creadores» como agentes de relaciones públicas. Escriben o pintan por las mañanas y por las tardes mandan fotos y cartas, a la manera de los divos del *star system,* actuando al dictado de su agente o su *marchand.* No hay más que darse una vuelta por un certamen característico de este tiempo como ARCO —Feria de Arte Contemporáneo de Madrid—, para ver a los pintores convertidos en tenderos o en hombres-anuncio.

43.

Los/as *vedettes* de que he hablado, imágenes-cangilones del *circuito,* como parece ser que se nombra la maquinaria comercial que hace rentables sus productos, carecen de sentido y de dimensión. No es que no apunten a ninguna trascendencia, es que ni siquiera se trascienden a sí mismos, ni siquiera plasman en sus obras «solas superficies sin misterio», en la acepción de Robbe-Grillet, que, a fin de cuentas, y no a su pesar, suscitaban un misterio estético, por consiguiente, una trascendencia estética.

Son escritores, por otra parte, que, al contrario de lo que debe ser, están integrados en el sistema, porque, como ha dicho Upton Sinclair, «el artista que triunfa en una época es un hombre que simpatiza con las clases dominantes de esa época, cuyos intereses defiende y cuyos ideales interpreta, identificándose con ellos».

A pesar de lo dicho y de lo que se dirá, quede claro que no pretendo que ni los novelistas lúdicos ni las novelas de tema deban existir; al contrario, pienso que tienen su lugar en toda literatura. Lo que digo es que no deben ocupar, como ocurre en España, el lugar de los novelistas-filósofos, por llamarlos de alguna forma: aquellos que tienen —y expresan en su obra— una poética y una concepción del mundo, del hombre, de la vida y de la historia.

44.

Se señala como una de las características de la posmodernidad la presencia agobiante de los medios de comunicación. Pienso que todos los *watergates* sumados, al menos en nuestro país, no compensan el daño que esa abrumadora presencia está produciendo en el ámbito cultural; no por otra razón que el hecho de que la información de la cultura, que es cosa considerada «menor» por quienes ocupan puestos «de dirección», está en manos, cuando no de incompetentes, al menos de no-especialistas. Y unos y otros son quienes, creyendo catapultar a héroes, no lanzan sino a bufones. (Nuestra sociedad, y en su nombre los portavoces de su opinión, fabrica bufones porque los necesita, para sentir que ha subido siquiera un peldaño en la escala zoológica.) Que los bufones ocupen el lugar de los héroes es una de las grandes tragedias de la cultura contemporánea; como lo es que el público haya llegado a creer que los mejores pintores o escritores son los que más veces ven en el televisor. ¡No! Esos son los bufones. Los serios están en sus celdas realizando, no *una serie de obras* sobre temas elegidos según la demanda del vendedor, sino *SU OBRA,* según su demanda interior.

No recuerdo si en las *Máximas* o en las *Conversaciones con Eckermann,* dijo Goethe: «El mayor mal de este siglo es la lectura de periódicos». Me pregunto qué diría aquel espléndido ejemplar de la raza humana ante una situación como la presente.

45.

Como tantos fenómenos propios de nuestro siglo, o que en nuestro siglo iban a tener su manifestación más virulenta, Nietzsche detectó la presencia en el mundo de la literatura de esos escritores «medio razonables, chistosos, exagerados, tontos, que no tienen más misión que suavizar lo patético de la situación con salidas ingeniosas, charlatanería, y para cubrir con sus gritos el campaneo harto pesado y solemne de los grandes acontecimientos», los cuales desempeñan el mismo papel que los bufones en la Edad Media.

46.

Reflexionando sobre la llamada «polémica de las dos culturas», he llegado al convencimiento de que su sentido es extrapolable al divorcio existente, en el seno mismo del campo de que aquí tratamos, entre humanistas verdaderos y bufones. De hecho, en todo ámbito cultural, incluidos los de la cultura científica y aun de la tecnológica, hay humanistas y no humanistas. Y en ámbitos pertenecientes sociológicamente a «las artes y las letras», lo mismo. Quien emprenda su tarea —teoría cosmológica o novela, puente o cuadro— pendiente sólo del beneficio, en dinero o fama, que le va a reportar, sin implicar en ella un sentido ético superior, no pasará el rasero de lo vegetativo o animal, aunque sea en elevada manifestación. En el campo de las bellas artes, lo estético se sobrepone a lo ético, y lo ético de lo estético es hacer, mediante cada obra, nuevas revelaciones, levantar una esquinita del velo de Isis y dejar asomar una partícula del misterio. No todo, porque dejaría de serlo.

47.

Todo novelista ha de tener, la ponga o no por escrito, una teoría de la novela. Sin embargo, a la hora de componer sus obras, debe dejar que sus ideas sobre el género narrativo sólo influyan en su creación en tanto en cuanto están asentadas en su subconsciente y responden a convicciones profundas, productos de la reflexión y del estudio. Hacer otra cosa sería intentar crear un producto químicamente puro, y semejantes productos raras veces son obras de arte, pues es cierto lo que dijo Vladimir Weidle: «Cherchez l'art seul et vous n'aurez pas l'art» (Buscad sólo el arte y no tendréis el arte). Son tal vez las impurezas las que otorgan a las obras el estremecimiento de cosas vivas y las que, por contraste, valorizan los logros y los avances de la forma.

48.

El fin primero de la expresión novelística es, sin género de dudas, configurar una realidad delante del lector; una realidad que, por lo general, no está aislada, sino concatenada con una serie de otras realidades para formar el relato de un suceso, tenga éste o no lo que se llama argumento, desenlace, etc. Y, en el fondo, todas las escuelas novelísticas no han sido otra cosa sino intentos diferentes de configurar esa realidad con el mayor bulto, consistencia y expresividad; o, dicho de otro modo, de una manera más cercana a la totalidad. De qué sea la realidad para cada uno y de cuál sea su manera de enfrentarse a ella, es decir, su manera de conocerla, dependerá por tanto su manera de describir, así como cuáles sean los elementos que integren esa descripción. Si por debajo de todo el contenido de ideas del verdadero novelista subyace una concepción del mundo, por debajo de su forma de expresión subyace una teoría del conocimiento. Ésta proporciona la forma de presentación de la realidad literaria —reflejo no exacto, sino decantado, de la otra— que configura aquella concepción.

49.

¿Qué realidad le interesa al novelista? Toda, indudablemente. Pero toda la realidad no es la misma para un novelista que cree que el mundo está formado por solas superficies sin misterio, que para uno que mira las cosas del mundo como reflejos del trasmundo o, mejor dicho, como huecos a través de los cuales contemplar el trasmundo o, siquiera, el latido de su presencia. Y tampoco será igual para el novelista que sólo cree en la existencia de lo que se palpa, huele, siente, mide, etc., que para aquel que cree en la existencia de realidades intangibles, aunque no crea que ellas hagan forzosamente alusión a algo trascendente en un sentido religioso. A la vista, pues, de estas tomas de posición ante la realidad, podemos encontrarnos con diferentes formas de hacer novela, pero no decidir que tal o cual de ellas es la de vanguardia. La vanguardia no es nunca una sola. El de vanguardia es un concepto relativo. Relativo al ámbito cultural en que el movimiento se produce.

Mi referencia al trasmundo alude, como he apuntado, a la realidad invisible, pero, muy especialmente, a lo que podríamos designar como un reino trascendente de valores.

50.
Cuando un cierto comportamiento de la naturaleza ofrece atisbos de corresponder a una ley, se intenta comprobar por la experiencia; y si la experiencia dice que verdaderamente existe una ley, los científicos no se preocupan de criticarla, de decir si está bien o no está bien, de dilucidar si las cosas marcharían mejor si dicha ley no existiese, sino que, sencillamente, la aceptan. Saben que si una ley puede establecerse, es porque así se deriva del funcionamiento de la gran maquinaria del cosmos. Pues bien, esto que es así en el terreno de la ciencia, no se da de la misma manera en el del arte. Y, sin embargo, aunque de efectos no tan fácilmente demostrables, en el arte hay también leyes. Leyes, digo, no órdenes ni reglas. La observación de los hechos artísticos descubre una cierta regularidad, como integrantes que son de un orden dentro del cual los fenómenos se manifiestan en una sucesión que podríamos decir que es de antecedentes y consiguientes, de causas y de efectos. Y es claro que, en este punto, ya no se trata propiamente de arte, sino de una ciencia del arte. Resumiendo la reflexión implicada en este punto, podemos anotar que lo mismo que hay una ciencia histórica

del arte, que trata de determinar los hechos artísticos en su singularidad, hay también una ciencia experimental del arte que tiende a alcanzar leyes universales.

51.

Sin duda, la ley artística avalada por una mayor cantidad de hechos experimentales y una más larga cadena de observaciones que no presenta ninguna excepción, es aquella que establece que a cada nueva época corresponde un nuevo arte, un universo distinto de formas artísticas. Y, a la vista de las incomprensiones que provoca todo cambio de paradigma estético, asimismo puede establecerse como ley que los artistas, en su visión del mundo, en su plasmación formal de esa visión, se adelantan a sus contemporáneos.

52.

Andrés Bosch glosó más de una vez su definición predilecta de la novela —«vida posible fingida»—, añadiendo lo que luego constituyó el meollo de la teoría que sustentó la escuela de la llamada «novela metafísica»: «lo superficial, lo inmediato, lo anecdótico, en una palabra, el mundo que está a mano, interesan, al igual que los elementos novelísticos —personajes, ambiente, argumento, trama, dialogo, etc.—, sólo en cuanto pueden dar pie para expresar universales». Y definió así el realismo total: «consiste en ir más allá de lo que se ha dado en llamar *realidad;* de esa realidad parcial, aparente tan sólo, objeto de las escuelas convencionalmente llamadas *realistas.* Se trata de superar, trascender, penetrar las apariencias primarias para llegar, a través de ellas, es decir, basándose en ellas, a aquella esencia que constituye su naturaleza íntima, a aquello que las informa y les da su valor universal. Concluyendo: el rasgo común y principal de esta tendencia novelística es la búsqueda de la realidad *total,* o sea, el *realismo total».*

53.

Más recientemente, Carlos Rojas ha encontrado un perfecto símil para decir lo que es la novela del realismo total. La compara con un *agujero negro.* Un agujero negro es, para los físicos, el último estadio de la vida de una estrella, posterior a los de enana blanca y estrella de neutrones: un punto de densidad infinita y, por lo tanto, de fuerza gravitacional asimismo infinita. *Lo engulle todo* y no deja escapar nada, ni siquiera su propia luz; de ahí lo de negro. Pero lo que interesa respecto a su semejanza con la novela de realismo total es lo que hemos dejado subrayado.

Pienso que si *todo* es el contenido potencial de una novela, el novelista ha de ser alguien con una curiosidad, un interés universal, antes que alguien que intente tener soluciones para todo. ¿Qué solucionaría haber dado, por ejemplo, la vuelta al mundo, para encontrarse de nuevo en el punto del que se partió? Nada, evidentemente. Pero en medio habría quedado la vuelta al mundo. Y la novela sería, no el descubrimiento de un lugar ya descubierto, sino la aventura del recorrido.

54.

El mayor cambio que se advierte en la concepción del género novelístico en nuestra época es aquel que se deriva de la distinta concepción que el novelista tiene del instrumento que maneja. El novelista moderno —el que lo es auténticamente, claro— se da cuenta de que lo que tiene entre manos no es un instrumento para entretener, sino un instrumento para conocer. Los novelistas del pasado, desde

Cervantes, también lo utilizaban para conocer, pero no eran conscientes —al menos, no eran *teóricamente* conscientes— de ello. Y ésa es la diferencia fundamental en que se apoyan todos los demás cambios, de los que no es el menor la intelectualización de la novela. Intelectualización que no afecta sólo al aspecto de la problemática tratada —lo cual no tendría la menor importancia, si en los demás aspectos las cosas siguieran como siempre, pues la novela es, ante todo, una obra de arte—, sino también en el aspecto de la forma, precisamente porque la distinción fondo-forma se revela como ficticia, y se llega a comprender hasta qué punto en lo que tradicionalmente se ha venido considerando como formal —equiparado por lo general a externo— pueden implicarse, y de hecho se implican, aspectos profundos y fundamentales. Pero fundamentales no sólo en un sentido estético —aunque estético, a fin de cuentas, será, por lo mismo de lo inexacto de aquella distinción—, sino también medular.

55.
Las grandes novelas del pasado se fundamentan, naturalmente, en una estructura y en ellas se puede detectar que han sido compuestas con arreglo a una técnica. Ni sobre una ni sobre otra nos dejaron dicho nada sus constructores y poseedores. Creo que acertaríamos si pensásemos que no eran conscientes de utilizar la primera y disponer de la segunda. En la novela del siglo XX, tanto la construcción de una determinada estructura como el empleo de una determinada técnica son operaciones conscientes e intencionadas.

56.
Ocurre por otro lado que, por razones históricas, que no es el caso dilucidar aquí, hemos venido a parar a una

época que es crítica y revisionista respecto a la escala de los valores y respecto al caudal de los conocimientos. Heidegger entiende su propio pensamiento como un filosofar en época de crisis y de cambio y, por ello, como un preguntar de nuevo, originario, esto es, tal y como se preguntó al principio del filosofar. De una actitud semejante parten todos los artistas auténticos de nuestro tiempo, especialmente los novelistas, que han llegado a saberse unas especies de filósofos, que se diferencian de quienes lo son propiamente en el método, que en ellos no consiste en una reflexión sobre el mundo dado, sino en la creación de un segundo mundo, que en definitiva es el producto de la visión del mundo dado a través de una lente que es suya, personal. Podríamos decir que, frente al mundo como es, el artista intenta crear un mundo como debe ser o, mejor dicho, como él cree que debe ser, no en un sentido ético, sino estético; quizá sea mejor decir: como él cree que debe ser para ser bien conocido.

57.
Entre la mirada del novelista que ha logrado sobornar a Caronte y la realidad se levanta un cristal, un velo de niebla; velo formado de una mezcla de ideas, sentimientos, principios estéticos, sueños... Y lo que debe describir el novelista no es lo que hay detrás del cristal, sino el cristal, en función, naturalmente, de lo que el mismo contiene y del reflejo de lo que hay detrás.

58.
Evidentemente, el carácter originario del enfrentamiento con el mundo —y lo mismo podría decirse del carácter personal de la lente— se refiere en realidad a la actitud y es forzosamente relativo, por cuanto está mediatizado por la cultura, de la que nadie prescinde ni, en el fondo,

quiere prescindir, pues incluso al rechazar está utilizando en cierto sentido lo que rechaza. Es lo que Andrés Bosch llamaba la «mirada desnuda» del escritor, que le pone en una situación ante las cosas distinta a la de los novelistas del XIX, que manejaban en enorme medida los valores entendidos. El creador auténticamente de nuestro tiempo —con William Faulkner, probablemente, a la cabeza— se produce independiente y libérrimo, en el extremo opuesto a lo «establecido». Y ello puede aplicarse a los creadores en todos los órdenes de la cultura. Nada nuevo dirá el médico que no se acerque a su enfermo como si fuese a resucitar a un Lázaro, como si en sus manos estuviese poblar el mundo; ni el poeta que no hable como si estuviese poniendo nombre a las cosas; ni el pintor que no actúe como si estuviese descomponiendo la luz en un nuevo iris; ni el arquitecto que no construya como si de la columna que sustenta el mundo se tratase: ni el novelista, en fin, que no escribiese como si estuviese reinventando el universo, reordenando el caos.

59.

La «mirada desnuda», que se adquiere, naturalmente, al otro lado de la laguna Estigia, tras haber conseguido sobornar a Caronte, se traduce por la ausencia del novelista de todos los mecanismos de la novela, especialmente de los diálogos, del argumento y de la trama. Es absolutamente necesario que el novelista mengüe para que la novela crezca.

60.

¿Hay contradicción entre la exigencia de totalidad que aquí se mantiene y el fragmentarismo, señalado en el punto 14 de la primera parte, que caracteriza al arte moderno, a la novela moderna, cuyos productos son como visiones aumentadas de una parcela muy pequeña de la realidad? A mi manera de ver, la contradicción es sólo aparente. El escollo se salva si decimos que el novelista, al separar para su contemplación, en esta o aquella obra concreta, un trozo determinado de realidad, no pierde de vista la realidad total y actúa dentro de un sistema de referencias que sitúa ese trozo observado dentro de la totalidad.

61.
En toda obra de arte, además de los valores estéticos, podemos encontrar otra serie de ellos que podemos llamar significativos. O sea, de un cuadro, por ejemplo, además del mensaje de belleza que nos llega a través de la justa ordenación de líneas, planos y colores, se puede desprender otro que no captamos por la intuición estimativa, sino por el intelecto: una campesina recogiendo gavillas o un grupo de hombres ante un pelotón de fusilamiento. Ahora bien, si lo que contemplamos es una pieza musical o un cuadro abstracto, aun en el caso de que el autor nos haya querido comunicar su emoción, su ternura o cualquier otro tipo de emoción ante el movimiento de la campesina inclinada sobre la tierra, o su rabia o su dolor ante el fusilamiento, su mensaje nos llega a través de los puros valores estéticos, pero no significativos. En la novela, como en todos los géneros literarios (la poesía, o cierta clase de ella, podría ser una excepción), los valores significativos tienen tanta relevancia que han llevado a la mayoría de las personas a juzgar por ellos, y solamente por ellos, la calidad de la obra de arte narrativa. Y esto es algo contra lo que hay que estar, hasta conseguir que todo el mundo llegue a ver con claridad que el relato del encuentro de un hombre y una mujer, en circunstancias absolutamente normales, en *Moderato*

cantábile, de Marguerite Duras, puede ser más importante novela que el relato de todas las batallas, amores e intrigas vividas por una dinastía de reyes.

62.

Decía Schopenhauer que todas las artes aspiran a la condición de la música. Cuando menos, *deben aspirar.* La gran novela del medio siglo lo hizo. Refiriéndose a ella, decía Maurice Nadeau que era, antes que ninguna otra cosa, el reflejo de la manera particular que tenía un hombre, el novelista, de padecer el mundo y de influir sobre él. Yendo un poco más lejos, dentro de esta línea de pensamiento, yo diría que es el acto creador, y no un personaje ficticio, el verdadero protagonista de la novela moderna, a la que lo que le interesa sobre todo es la propia aventura de la creación. En *Pablo y Virginia* nos interesa el sentimiento del amor como determinante del encuentro de los personajes masculino y femenino. Pero, en *Los caballitos de Tarquinia,* nos interesa la forma en que la autora plasma el acercamiento de dos seres en medio del aburrimiento de un pueblecito de costa italiano; un encuentro que, narrado de forma convencional, no suscitaría la menor emoción. Y lo mismo podríamos decir respecto a *Crimen y castigo,* donde nos conmueven las consecuencias del crimen en la psicología del criminal, y *La doble muerte del profesor Dupont,* donde lo que nos interesa es el agujero que en torno al asesinato crea Robbe-Grillet. O respecto a la proyección psicológica y social del adulterio de Emma Bovary y a la proyección puramente literaria del personaje casi único de *La modification.* Hay un paralelo, que no tiene más remedio que ser significativo, entre lo que acabamos de decir y lo que decía Werner Heisenberg, respecto a que las leyes naturales que se formulan en la mecánica cuántica no se refieren ya a las partículas elementales, sino a nuestro conocimiento de las partículas elementales.

63.

En el tramo culminante de la gran novela del siglo XX, que coincidió con el momento en que más se ha hablado de crisis de la novela, fue, quizá por ello, cuando el género novelístico más luchó por encontrarse a sí mismo. Se hace tabla rasa de muchos de los logros del pasado, se ensayan nuevas técnicas, dando la impresión unas veces de que se han encontrado muchas, y otras de que aún no se ha encontrado ninguna. El caso es que el autor que lo es conscientemente se replantea todo el aparato novelístico ante cada obra, ante cada página, antes de decidirse a escribir. Esto es algo formidable, y es lo que, a mi juicio, hace que, desde un punto de vista puramente estético, la gran novela del siglo XX, esto es, la que se produce antes de finalizada la década de los sesenta y sus naturales secuelas, sea la más importante de todos los tiempos.

64.

Hoy día, finales del milenio, en cambio, es frecuente leer, entre las manifestaciones de los novelistas de éxito, esos que jalean los periódicos «importantes» y repiten —de *repetir* y de *repetidor*— las cadenas de televisión, esta afirmación: «Escribo para divertirme». No se puede sintetizar en un mejor *slogan* la dejación, la cobardía, la impotencia, la estupidez y la carencia de una poética y una concepción del mundo. Significa el reconocimiento de que los novelistas que el sistema tolera, aplaude e impone, por no ser peligrosos, han dejado de interesarse por el hombre, se han situado fuera de la historia. Por lo mismo, no es ya que no inquieten, es que ni siquiera dan que pensar. Se dedican a cultivar su propia tontería y, de paso, entontecen al lector. De ese sagrado «oficio de escribir», que llevó, por ejemplo, a Pavese a autoinmolarse sobre las cuartillas, hacen una lucrativa profesión. Para ellos sentenció Nietzsche: «Considerar el *estado* de escritor como una profesión debería, en justicia, ser considerado una forma de estulticia».

65.
Se ha situado también fuera de la cultura y hasta de la civilización. En las épocas culminantes de la historia de Occidente, siempre han caminado unidas las teorías científicas, las corrientes filosóficas y los movimientos artísticos y literarios. Hoy, cuando la física está pariendo una nueva cosmología, y hasta una nueva cosmogonía, modificando el aspecto del universo y el sentido de la vida, bastantes —no todos— filósofos se dedican a decir en la prensa monadas que *epaten* a los burgueses, y los novelistas, en su mayoría, andan lanzados a la caza de temas *divertidos* que aseguren la aceptación por esos mismos analfabetos espirituales.

Libros como el de Günter Blöcker *(Líneas y perfiles de la literatura moderna)*, René-Marill Alberés *(Metamorfosis de la novela)*, Gaëtan Picon *(El escritor y su sombra)*, Gonzague Truc, Wilhelm Grenzmann, Charles Moeller, Maurice Nadeau, Jean Bloch-Michel etc. sólo se pudieron componer sobre la obra de escritores anteriores a 1968, que vibraban al compás de la ciencia y la filosofía de su época. Ahora, cada novela parece depender de una partenidad diferente, pues son novelas *de tema,* de las que no se puede decir en rigor que tengan un contenido, en el sentido estético del término.

66.

Antonio Tovar observó, en su comentario a *La revuelta,* de Andrés Bosch, que la novela tiene tendencia a ampararse en las ciencias que más prestigio tienen en un momento dado. Andrés hizo suya esta idea y, posteriormente, en su ensayo *El realismo y los realismos,* la desarrolló ampliamente. Al enumerar los diversos realismos que renunciaban a la pretensión de totalidad, incluía entre ellos el que denominaba «realismo de ciencias prestigiosas». Sería el caso de la novela psicológica y del naturalismo, por ejemplo. O del impresionismo en pintura, digo yo, en relación con la física de la luz. Por mi parte, no niego la existencia de este tipo de realismo parcial, que hace que las obras cuyos autores lo practican ofrezcan un panorama «visto a través de una lente que tiene la virtud de resaltar y agigantar unos aspectos, velando otros»; pero pienso que, asimismo en relación con el tema este de las ciencias prestigiosas, hay obras que no sólo no renuncian al realismo total, sino que pretenden lograrlo mediante el enfoque —nuevo— que pone a disposición del autor una ciencia. Y también podría hablarse de coincidencia en algunos casos; los menos, en mi opinión. De cualquier forma, la novela de hoy, la novela del futuro, participa, participará, de la visión que la mecánica cuántica y la relatividad general han dibujado del microcosmos y del macrocosmos.

67.

Lo propio del relato, del cuento, de la leyenda, es ser un monólogo del relator. Podemos imaginar un círculo de oyentes escuchando su lectura. La novela, a este respecto, es muy distinta; ni por su extensión, ni por su complicación, admitiría esta lectura monologada. En todo caso, para ser escuchada, requeriría un tratamiento propio del teatro leído, como de hecho se solía hacer por la radio, donde una voz «daba» la acción y el escenario y otras «encarnaban» a los distintos personajes, mientras una serie de pausas, generalmente ocupadas por fragmentos musicales, marcaban el tiempo y los cambios de lugar y de época. Y es que la novela, aunque generalmente relatada en tercera persona, tiende a hacer presente la acción delante del lector, mientras que, en el cuento, ésta se da como cosa lejana, separada; y más aún en la leyenda, en la que esa separación adquiere inclusive un matiz de lejanía y borrosidad. La expresión narrativa, en la novela, tiende a representar la realidad delante del lector. En el cuento, en el relato, en la leyenda, simplemente a referirla.

68.

Si, como hemos dicho anteriormente, la pretensión de todas las escuelas novelísticas ha sido la de configurar la realidad ante el lector con la mayor claridad, bulto, consistencia y expresividad, ¿qué manera mejor de conseguirlo que la de hacérsela presente por medio del artificio literario? Algo como si, por medio de un experimento de ciencia ficción, de esos que trasladan a un hombre de un lugar a otro como hoy se trasladan imágenes, la materializara ante sus ojos. Y no sólo la realidad aparente, sino toda la realidad.

Pues bien, si aceptamos como carácter distintivo de la expresión novelística la presentidad de la acción, hemos de convenir en que la novela que todavía hoy se considera prototípica, la del siglo XIX, sólo la utiliza en una cierta medida, pero ni mucho menos en su totalidad. En ella, la materia novelística no está representada; está, en buena parte, simplemente referida. Así nos enteramos de que determinados sucesos ocurrieron, pero no los *vemos*. Porque es indudable que a cualquier lector le hiere más esa especie de pantalla cinematográfica en que su imaginación se convierte en el momento de la lectura, se la hiere más, iba a decir, lo que le representan que lo que le cuentan.

69.
El carácter de escritor lo da el manejo del idioma con belleza y precisión. El carácter de narrador lo da el hecho de manejar el idioma de manera bella y precisa *para contar algo*. Pero el simple hecho de contar algo no da lugar forzosamente a una prosa novelística. La prosa narrativa basada únicamente en la belleza y precisión del lenguaje produce unos valores estéticos más propios de la poesía que de la novela. Los valores estéticos novelísticos no los produce esencialmente el lenguaje, sino *la forma de presentación de la realidad*. El escritor que se preocupa más por la belleza y precisión del lenguaje que por la forma de presentación de la realidad acude, para conseguir aquella, a elementos propios de la poesía, como la imagen, la metáfora, el ritmo, la musicalidad, con lo que el lenguaje gana en eficacia poético-musical, pero no forzosamente en eficacia expresiva ni, mucho menos, representativa.

Por «forma de presentación de la realidad», de cuyo logro depende la existencia de valores estéticos propiamente novelísticos en una novela, entendemos la justeza, la trabazón, la proporción armónica de la serie de elementos que constituyen cada secuencia novelística: diálogo, descripción de ambientes, personajes y objetos, relato de hechos, con las necesarias matizaciones provenientes del tiempo —presente, futuro, pasado o vida, sueño, recuerdo, deseo, etc.— *tempo*, alusiones, elusiones, punto de vista —distanciamiento, acercamiento—, enfoque —o desenfoque—, planificación, etc. El novelista verdadero sabe instintivamente de qué tiene que enterar al lector mediante el dialogo, mediante el monólogo interior o mediante la descripción, etc. El narrador refiere unos hechos a través de un lenguaje que es bello por su precisión, por la armonía en el engarce de sus elementos y de su metaforización. El novelista no refiere unos hechos, sino que los hace presentes ante los ojos internos del lector. Es en esta presentidad de la acción en la que se basa, a mi juicio, lo específico novelístico, y ella no se logra mediante la belleza del lenguaje, sino mediante la adecuada forma de presentación de la realidad.

Por supuesto, es más fácil encontrar a un narrador puro que a un novelista puro; o, lo que es lo mismo, una narración pura que una novela pura. En todo novelista, y en el mismo momento en que actúa como tal, se incluye siempre un narrador. Pero no al revés.

70.
En el ámbito de lo metafísico real de que hemos hablado en la primera parte, la acción y la conciencia de los personajes han de discurrir por un tiempo lo más parecido posible al tiempo mítico, no por el tiempo convencional de los relojes y de los calendarios, aun cuando designen acontecimientos por sus fechas. Por lo mismo, el relato, *Allí,* ha de ser tanto épico como lírico y dramático, según lo exige la globalidad con que deben contemplarse personajes, sucesos y escenarios.

71.
Las normas que rijan la dialéctica interna de una obra han de proceder de la imaginación creadora, no de ningún tipo de preceptiva, y son normas que únicamente valen para

una obra singular o, como mucho, para un conjunto de ellas; del mismo autor, por supuesto.

72.

Para el artista serio (no para el bufón, naturalmente), su obra representa una respuesta a todo tipo de desintegración. Con ella tiende a colmar una necesidad metafísica que la vida jamás podrá colmar: el ansia de unidad. El segundo mundo en que consiste la creación artística es una réplica del mundo cotidiano, pero armonizado, integrado, limpio de todas sus impurezas. Como dijo bellamente Günter Blöcker, es «la eternidad sin Dios». Por obra y gracia del artista auténtico, «en la obra de arte se reúnen realidades dispersas formando un universo».

Quien quiera llegar al fondo de la cuestión tendrá que caminar por su cuenta y riesgo. Le facilitaré, no obstante, el hallazgo del camino: ha de hacerlo meditando sobre esta proposición: la novela, desde Cervantes hasta el siglo XIX, fue novela newtoniana; la gran novela del siglo XX y principios del XXI es y será novela relativista y cuántica.

III

LOS MERCADERES Y LOS CRÍTICOS

73.

Quizá a los pintores, a los novelistas, tomados en su conjunto, no haya mucho que reprocharles. Cada uno hace lo que puede. Quizá sea cosa de empezar a desconfiar de esa interpretación del artista como impulsor o configurador de la sociedad en la que vive inmerso, de la que viene después y ha tenido tiempo de asimilar su obra. Quizá haya que concluir que es la sociedad la configuradora, la que produce los artistas que es capaz de producir. La escala de las valoraciones (que no es la de los valores) no la determina una élite. Mucho menos, un individuo aislado, por genial que sea. Si acaso, un grupo o mafia de otra clase, que se disfraza a veces de intelectualismo.

74.

Cuando no se puede llamar la atención con un monólogo como el «*to be or not to be*», alguien puede llegar a pensar con lógica que se debe llamar mostrando el culo de una fila de actores. Ahora bien, de un análisis comparativo, no cabe extraer la conclusión de que en la Dinamarca de Hamlet o en la Inglaterra de Shakespeare la gente no tenía culo. Sí se puede extraer, en cambio, la de que, en la época actual, poca o ninguna gente tiene ocurrencias como el monólogo aquél.

Antcayer mismo, Ionesco o Samuel Becket, por no hablar de Pirandello, nos sorprendían con discursos de valor tan permanente y universal como los shakesperianos. Pero una vez consumada la primera mitad del siglo (y sus naturales secuelas, hasta el 68), da la impresión de que un sopor se ha apoderado de las mentes. Por lo menos, de las mentes cuyos ecos nos deja oír el *grupo* de disfrazados.

75.

Yo no afirmaré jamás que hoy haya que tener el concepto de pintura que tenía Paolo Ucello. Pero sí afirmo que, en términos absolutos, la categoría estética, la importancia cultural del más insignificante detalle de una de las *Batallas* de ese pintor es infinitamente superior (de hecho, creo que no hay comparación posible) a la de la obra completa de cualquiera de estos que el *grupo* nos presenta como genios; con tanta capacidad de persuasión, por lo visto, como para que haya personas no declaradas jurídicamente pródigas, que paguen por una obra suya lo que un trabajador normal no ganará en toda una vida de sudores.

76.

En el mercado de valores en que hoy se mueve el arte, no se trata de valores estéticos, sino de valores puramente comerciales. Aceptando esta realidad por el mero —y contundente— hecho de que lo es, uno estaría dispuesto a admitir como lógico y consecuente que quienes lo manejan se rijan por el primer mandamiento del decálogo de los gángsteres: ganar dinero. Más aún, estaría dispuesto hasta a concederles que, dado tal punto de partida, no es absolutamente necesario que actúen, para cumplir su norma, con impecable decencia, es decir, a aceptar, con inevitable resignación, sus reglas del juego sucio. En lo que no estaría dispuesto a ceder ni un palmo de comprensión es en el hecho de que, pudiendo cumplir sus fines con productos dignos, lo hagan con basura. No he llegado a ninguna conclusión respecto a si la actitud que dicta la conducta descrita es sádica o masoquista. Por el momento, afirmo sólo que, aunque en principio fuera masoquista, el caso es que produce dolorosos efectos en los inocentes, como si fuese sádica.

77.

Sería injusto echar todas las culpas sobre los comerciantes. Como en el caso de los editores de literatura o, para el caso, de lo que ocupa su lugar, no faltan los críticos que les hacen coro. En el otoño de 1988, la Fundación Juan March presentó en sus salas una muestra antológica de la colección personal del galerista neoyorquino Leo Castelli. En ella figuraba una de las tres banderas norteamericanas que, al parecer, ha pintado Jasper Johns. Daría igual, pienso yo, que hubiese pintado tres que tres mil. Al final, a los espectadores ingenuos nos ocurriría como en el chiste del soldado novato a quien ponen de guardia solo para vigilar, e informar después, acerca de cuántos chinos pasan la alambrada. El pobre no supo decir a su capitán si habían pasado cien chinos o el mismo chino cien veces.

Las banderas de Jasper Johns son eso: banderas. Las trece barras blancas y rojas y las cincuenta estrellas blancas sobre fondo azul, reproducidas tal cual, a tamaño natural y ocupando todo el lienzo. En una crítica publicada en la revista *Cambio 16*, Ángel González García afirmaba que una de las tres banderas de Johns constituía «el plato fuerte de la exposición». Por las mismas calendas, Rafael Calvo Serraller opinaba, en el diario *El País*, que cualquier director de un museo de arte moderno daría media vida por tener dicha bandera en sus fondos... Por otra parte —y ello completa bien el panorama—, González, en un alarde de profundización en las claves de la contemporaneidad, dedicaba media crítica a informar a sus lectores acerca de la esposa de Leo Castelli, de cuántas obras conservaba éste de las primeras que había adquirido, de quiénes eran sus clientes más asiduos y más ricos, de sus vicisitudes de coleccionista pobre, sus aficiones, etc.

Cuando se llega al grado de estupidez generalizada que todo esto revela, no hace falta ser un lince para empezar a pensar que, en efecto, algo huele a podrido en Dinamarca. Y si el hedor llega hasta el real castillo de Elsinor, figúrense lo que debe de haber en la raíz de la podredumbre. Si el ludismo esencial del (llamado) arte actual llega a no dar siquiera para ser ingenioso o humorístico, como es el caso de las sosas banderas de Johns, es señal de que la traición al pensamiento ha alcanzado en Occidente magnitudes por debajo de los cero grados Kelvin. Lo cual puede arrastrar la consecuencia de que una sociedad que se traga esas memeces, emparedadas en trivialidades relativas (y, eso sí, adobadas en eclipsantes cantidades de dinero o destellos de sexo bruto) a fichajes de futbolistas o anécdotas sentimentales de cantantes o actrices; la sociedad que se traga sin pestañear esas chorradas, iba a decir, igualmente sin pestañear puede asimilar, en décimas de segundo, que los americanos han enterrado vivos a miles de soldados iraquíes y la celebración de la masacre en fastuoso desfile y homenaje al verdugo de la ejecución rimbombante y eufemísticamente definida como Operación Tormenta del Desierto... Que es lo único —al eufemismo me refiero— que queda temblando en los sentidos, o en aquel lugar recóndito al que se llega a través de los sentidos, donde en sesión continua viscosean las sombras sin contenido de nuestro depauperado mito de la caverna; esto es, de nuestro mito de la covacha.

78.
He escrito tantas veces, en libros y revistas especializadas, acerca de la posesión de un estilo epocal como justificación principalísima de una obra de arte, que no me siento obligado

a hacer protestas de vanguardismo ni a demostrar que lo profeso. Pero que cada época tenga —y deba tener—, por imperativos sociológicos, antropológicos, filosóficos y hasta económicos y religiosos, su propia poética, y que el primer deber del creador artístico es no hacer lo que ya se ha hecho —*esa primera ley* mencionada en la segunda parte—, sino aportar aunque sea un solo verso, una sola pincelada, un solo ladrillo al gran poema, el gran cuadro, el gran edificio universal, no convierte los gatos en liebres.

79.
El «todo vale» de la posmodernidad ha convertido a la nuestra, estilísticamente hablando, en una época sin sello propio. O quizá sea al revés: que la falta de un estilo definitorio ha suscitado en los cerebros pensantes aquella formula justificativa. Porque la justificación es, en la actual circunstancia histórica, artículo de primera necesidad. Si no, ¿de qué iban a vivir los mandarines? Que los grandes certámenes, las galerías de arte, los museos, etc. sigan proliferando no significa en absoluto, en un sentido profundo, que el vaticinio de Hegel sobre la muerte del arte haya constituido un fracaso. En los presupuestos hegelianos no contaron sin duda las circunstancias, propiciadas por el capitalismo, que han llegado a convertir las obras de arte (o las consideradas tales) en un valor de cambio. Aparte de que hay especímenes humanos que siguen empeñados en producir arte. Arte auténtico, evidentemente, quiero decir. Pero éstas son personas, en el más profundo de los fondos, tradicionales (espero que se me entienda), o, si se prefiere, espiritualistas, humanistas. Lo que pueda seguirse de la confrontación de estos empeños individuales con una realidad social poco propicia de por sí, y por ende manipulada por los mercaderes, es un problema sobre el

que aún no se ha pronunciado seriamente, que yo sepa, la sociología, limitada hasta ahora a constatar los hechos.

80.

En este punto y el siguiente, voy a reproducir dos críticas de exposiciones que escribí para la revista *Crónica 3* y en las que paso de la anécdota a la categoría, planteando unos problemas que estimo graves y que no parecen inquietar a otros colegas, quienes, por el contrario, creo que encuentran en hechos como los que describo excelentes coartadas. He aquí la primera:

«Oliva Mara es una de las galerías de Madrid que, hoy por hoy, mantienen una línea de seriedad y coherencia encomiable. Constituye, además, un ámbito muy grato para el contemplador, que contribuye a potenciar el valor de lo que en ella se exhibe. Las obras, sean cuadros o esculturas, "ganan" allí dentro. Quien se encargue en esta galería de montar las exposiciones es indudable que sabe lo que hace.

»Viene este exordio a cuento de las reflexiones que me asaltaron al visitar la exposición de María Luisa Fernández: siete piezas solamente (seis colocadas sobre el suelo y una colgada de la pared), de madera coloreada. Algo más cercano a la escultura y el relieve que a la pintura, aunque participe también de ésta, puesto que la madera aparece coloreada, como digo, en gamas sabiamente elegidas.

»Pero llamar esculturas a estas obras no pasa de ser un convencionalismo. ¿Simplemente objetos bellos? Tal vez, si no se da al concepto de *bello* el rango a que lo elevó la estética que, para entendernos, llamaremos filosófica.

«Lo terriblemente desconcertante es que el contemplador se siente constreñido a considerar estas "cosas" obras de arte porque se las encuentra en una galería. Si las hubiese visto en el escaparate de un gran almacén, entre tejidos y maniquíes, aun experimentando una sensación de agrado, no pasaría de considerarlas como aceptables ocurrencias de un escaparatista de buen gusto. (Pasaba igual, añado ahora, con aquellas tablas plagadas de círculos de bombillas de colores que hacía Eusebio Sempere y que muchos críticos describían como sublimes ejemplos del *optical-art*. Mucho más bonitas y "ocurrentes" se podían encontrar en cualquier verbena, adornando el frontal o los costados de los tiovivos. Dicho sea esto dejando a salvo otras obras de Sempere).

»Nos encontramos, pues, ante un ejemplo flagrante (y es a donde quería ir a parar) de la distorsión en el juicio a la que puede conducir la corrupción en la escala de los valores que han generado los críticos integrados en el sistema. Una corrupción que puede llevar, por ejemplo, a considerar vanguardista, porque cuelga de las paredes del *stand* de la Marlborough en ARCO, un lamioso y superacademicista óleo de Claudio Bravo o los ejercicios escolares de dibujo (de alumno aventajado, por supuesto), de Antonio López, que en una tienda de cuadros para turistas, de esas que proliferan por los alrededores del Prado, esos mismos "entendidos", de no ver las firmas, considerarían despreciables subproductos.

»El tema de la muerte del arte como elemento de cultura está hoy más candente que lo estuvo nunca. La consideración de la obra de arte como contenido de belleza mengua en la misma medida en que crece la de la obra de arte como valor de cambio. Si es que en este caso resulta lícito hablar de arte».

81.
Y la segunda:
«Contemplando las obras presentadas por Joan Rom en las magníficas instalaciones de la galería Soledad Lorenzo,

pensaba yo que el verdadero artista, en esta ocasión, había sido quien había montado la exposición. Porque, por un momento, imaginé todas aquellas piezas (tiras de cuero ondulado, colgando de la pared en grupos de dos, tres o más) amontonadas en un rincón, o en la acera, junto a un contenedor que había allí, y estuve seguro de que, de tal guisa, hubiesen sacudido más bien poco las antenas estéticas de cualquier individuo culto, incluido aquel —Kewin Power— que filosofa en el texto del catálogo sobre una "riqueza imaginativa", que es más bien lo que uno echa de menos en esta producción, por otra parte, no del todo desdeñable. Lo que pasa es que cada uno hace lo que puede y, en esta época y en este ámbito, la mayoría puede más bien poco. O sea que, así como, en lo que se refiere al valor artístico, quien se lleva el gato al agua es quien montó la exposición, en lo que respecta a la riqueza imaginativa, el premio se lo podríamos dar a quien ha sido capaz de decir casi todo sobre casi nada.

»Sin duda Joan Rom pertenece —o pertenecerá en su día—, aunque algunos no nos demos cuenta, a los "prehistóricos" de un arte, ahora en gestación, en el que los desechos del industrialismo constituirán el soporte material indispensable. Hay otros empeñados en la misma lucha, y quizá más adelantados que él en los logros. Aunque también es posible que esta afirmacion mía sea injusta, y la anterior, aventurada, y todas las demás, erróneas. Porque Kewin Power nos informa de que lo que Joan Rom desea más fervientemente es "volver al mundo tal y como existió para el primer hombre". Y si él lo dice, sus razones tendrá para hacerlo. Por mi parte sólo se me ocurre pensar que no ha elegido precisamente el camino más corto para alcanzar esa meta».

82.

En mayo de 1960, vino a Madrid Hans Sedlmayr, a pronunciar en el Ateneo su esclarecedora conferencia *El arte en la era técnica*. Una mañana, conversando en la cafetería de un hotel frente al Prado, me dijo que la tarea más importante que tenía planteada la crítica de arte en aquel momento era la de trazar una línea que separase el arte de lo que no lo era. Una línea, añadió, que pasaba por en medio de la obra del mismísimo Picasso. Se refería Sedlmayr, téngase en cuenta, a la crítica del medio siglo, cuyos baremos eran culturales. La que hoy domina no hace juicios de valor, sino que se limita simplemente a separar los productos lanzados de los no lanzados, para ignorar éstos y hacer propaganda de aquéllos. En una palabra, para ratificar lo previamente decidido por los mercaderes. Las páginas que el periódico citado en el punto 77 dedica cada año a la feria ARCO son un ejemplo consumado de esta «política cultural». No son las únicas, pero sí las que se presentan como más apetitosas para el sociólogo.

83.

Antonio Martínez Cerezo se ha referido al fenómeno de que la crítica de arte basada en las ideas y, si se quiere, en los ideales, ha dado paso a la crítica de arte basada en los intereses. ¿Es esto bueno?, se pregunta. «Para el arte, no. Para los artistas, tampoco. Para el negocio, sí. De ahí que la crisis del arte haya dejado de ser analizada —desde hace mucho tiempo— en función de la abundancia o escasez de artífices y de la abundancia o escasez de buenas obras, para ser considerada —cada vez más— en función de si se vende o no se vende». Continuamente, pero muy especialmente, como digo, con ocasión de la Feria Internacional de

Arte Contemporáneo de Madrid, Rafael Calvo, ejemplo primoroso de lo que venimos diciendo, a la hora de ensalzar a determinados artistas, ampara su incensario (quizá porque no le sea posible hacer otra cosa), en vez de en sus valores plásticos, la solidez de su obra o su personalidad estilística, en lo bien llevado de su promoción, su lanzamiento y el impulso que han recibido de comisarios extranjeros, en utilización verdaderamente penosa del argumento de autoridad.

84.
Por ceñirnos a nuestro país, mientras los críticos independientes aseguran que el arte actual camina hacia el acantilado (M. Vicent), que es gratuito, caprichoso y vacío (Corredor Matheos) y que, desde un punto de vista axiológico, no ofrece ningún asidero estable (Aguilera Cerni), el corifeo y el coro de las meretrices intelectuales que hoy dominan los medios de comunicación más supuestamente liberales de España no hacen sino remar a favor de la corriente que más empuja, siempre dispuestos tanto para los fáciles descubrimientos como para las sorpresivas consagraciones, porque a ello les obliga un contrato, da lo mismo si verbal o escrito. Y escriben frases de este tenor (refiriéndose a la Feria mencionada): «Este año no se observa la irrupción de nuevas tendencias», como si en el ámbito de la cultura eso fuese una obligación, como en el ámbito de la alta costura, u otras en las que reprochan a los artistas indígenas que ignoren la vanguardia internacional de tal o cual década, como si el primer deber de un artista fuese estar atento a lo que «se lleva» fuera. Y es que, como señalaba antes, estos críticos hablan poco de arte y mucho de estadísticas, número de visitantes, ofertas, ventas, grandes firmas internacionales, cotizaciones y cosas

por el estilo. Otorgan importancia a una obra, no en función de su calidad intrínseca, sino en función de que quien la intenta vender sea Sidney Janet, Marlborough, Maeght o Denise René. Y es que estos críticos están lo que se dice bien informados (sin duda, forma parte de su «trabajo»), pero, en el fondo, absolutamente incapacitados para distinguir el producto genuino del sucedáneo.

85.

Apolíneas o dionisíacas, armónicas o expresivas, siempre las artes, tanto las espaciales como las temporales, han poseído un acusado componente de imaginación. La presencia de esta facultad, corporeizada en la obra, era parte esencial de su ser, pertenecía a su fundamento ontológico. La sobriedad, cuando se daba, atañía a los elementos formales, nunca al contenido.

Hay que pensar, ante la proliferación de obras que podríamos llamar *mudas,* que la mayoría de los artistas de hoy carece de imaginación; porque, si de algo podemos estar seguros, es de que quien la posee no podría renunciar a ella, en aras de ningún postulado programático de tipo estético, filosófico, ético, social o de cualquier otro tipo.

86.

Cada vez parece que hay más críticos, historiadores del arte, sociólogos y filósofos de la cultura que piensan que, en arte, ya está todo dicho y hecho, y cada vez, también, más artistas que parecen empeñados en darles la razón. Unos y otros, cada cual a su manera, no hacen sino reflejar en su actitud el vacío espiritual de la sociedad occidental actual, en franco camino de superar las más pesimistas predicciones sobre su futuro.

La mecánica mediante la cual determinadas Obras se hacen, uno estaría dispuesto no sólo a entenderla, sino también a justificarla. Pero las razones por las cuales esas Obras circulan, digamos para entendernos, triunfalmente ya se vislumbran con mayores dificultades.

En la década de los setenta, cuando se barajaba la hipótesis de la muerte del arte, pregonada incluso por algunos artistas o que pasaban por tales, alguien llegó a escribir que la única actitud consecuente de la vanguardia era cruzarse de brazos: no pintar, no exponer. Pero esto, claro, no lo admitía el consumismo del que esos mismos fúnebres corifeos pretendían beneficiarse.

Ciertas actitudes programáticas del Mondrian más puro, del Malevitch del *Blanco sobre blanco,* cerraron unos caminos que parece absurdo empeñarse en volver a recorrer, ni siquiera echando mano a subterfugios provenientes de la nueva figuración, del conceptualismo o de lo que sea. Porque, para llegar a determinadas conclusiones, es preferible escribir un ensayo sobre la decadencia de Occidente o sobre las abejas de Aristeo. Es posible que el arte, como conjunto, no tenga salvación, pero es seguro que sí la tienen las Obras particulares.

87.

¿Qué ha ocurrido antes? ¿La crisis del arte o la crisis de la sociedad? Es éste un dilema tan insoluble como el del huevo y la gallina. Al menos, en tanto no llegue al terreno de la filosofía de la cultura una especie de teoría evolucionista que lo explique todo o casi todo.

88.

En otros tiempos, quienes señalaban por dónde iba el arte eran, sin tomas de postura previas (esto es muy importante), los artistas. Luego venían los historiadores, los filósofos del arte, los críticos, e interpretaban cómo y por qué los artistas habían hecho lo que habían hecho. Pasados los años medios de nuestro siglo, ocurre algo curioso: empiezan a ser los críticos quienes dictan a los artistas lo que deben hacer... Para estar en vanguardia, ser comprometidos, influir en la marcha de la historia, mejorar la sociedad, denunciar lo que merecía ser denunciado, inquietar las conciencias, abrir nuevos caminos... según los vientos que soplaran. Los galeristas y editores listos estaban al acecho y actuaban en consecuencia, para su provecho. Se creó la figura del crítico a sueldo (no del medio en que se pronunciaba, que también, sino de los comerciantes), hasta que se ha llegado a desbordar el colmo, haciéndose monografías por encargo de las galerías o de los propios «artistas», siendo así que la cotización de un artista asciende en proporción a la bibliografía que amontona; controlando las grandes exposiciones oficiales y los jurados de los premios; amañando licitaciones en las subastas... Igualmente se aumentan los quilates de cualquier advenedizo mediante el procedimiento subliminal de codearlo en las paredes de un *stand* con artistas de la talla de Picasso, Bacon, Kokoschka... Ahora son los mercaderes quienes sostienen la batuta hacia la que mira el público.

89.

Hoy día, a efectos de la valoración y del reconocimiento, lo que no aparece en los medios de comunicación *no existe*. Galeristas, editores, críticos y medios de comunicación, constituidos en algo muy parecido a una mafia, han establecido, como dice Juan Ignacio Ferreras, un *canon,* a imitación de la Iglesia más reaccionaria e inquisitorial. Y quien no está en el canon no es leído —si es escritor— ni contemplado —si es artista plástico—, entre otras razones, porque el público ignora hasta su nombre. Esta forma de generar impostura está conduciendo, como la entropía, a un aumento continuo de la degradación del mundo de la cultura.

90.

Siempre se ha especulado, de una manera o de otra, con el arte. Resulta triste, pero lo triste forma parte de la condición humana, hay que resignarse. Pero lo que ahora está pasando clama al infierno, bien entendido que no dantesca, sino sartrianamente considerado. Eso de que «la obra de arte no tiene precio», por otra parte, es una de las mayores falacias que han inventado los clasistas, los especuladores, y es fuente de algunas de las mayores injusticias que se han dado en la historia. Pero ¿es que lo tiene bajar a una mina, andar con la basura o subirse a un tejado en invierno? Que un pintor, un escultor, un escritor, pretenda vivir de su trabajo —incluidas por supuesto como de tal las horas no dedicadas a la ejecución material, sino también al estudio, la reflexión, el «silencio creador»— es honesto. Vender imagen del artista en vez de valor intrínseco de la obra —imagen, además, creada por los procedimientos señalados en los dos puntos anteriores—, y encima a precio de oro, es una imperdonable cochinada.

91.

Hans Belting se ha referido al descontrol que supone esta situación afirmando la conclusión de la historia del arte como asignatura genuina y, al propio tiempo, de la época en que aún resultaba hacedero representarse la práctica pictórica como una empresa coherente y sujeta a un baremo común. En realidad, como ha escrito entre nosotros Álvaro Delgado Gal, interrumpida la tradición de los estilos, «ya no nos consta que lo que se hace en la actualidad tenga algo que ver con lo que se hacía en el pasado, ni, por ende, poseemos criterios firmes para emitir juicios que permitan ir más allá de lo meramente discrecional». El mismo Delgado Gal aportaba en un artículo la opinión de David Carrier en su libro *Artwriting:* dado que ya no existe una historia del arte, ni, en consecuencia, un arte contemporáneo que resulte plausible colocar en su campo de estudio, habrá que llegar a la conclusión de que el único elemento que se tiene en pie es el propio tráfico con los objetos artísticos. Luego es el dinero el que decide qué arte vale. Evidentemente, se impone aclarar que ese «vale» no apunta al valor, sino al precio. O a las posibilidades de entrar en los carriles del tráfico. Ahora bien, aclarando esto, ¿hemos conjurado el peligro de la impostura? Pienso que no podemos estar seguros. Los falsos valores ¿son, a pesar de todo, valores? Si la respuesta es que sí, no hemos dicho nada. La campaña en favor de unas determinadas obras constituiría la besana nutricia de la impostura y de la falsificación: la transvaloración de los valores, no en sentido nietzscheano, sino sádico. Los entendidos, pero sólo ellos, quedarían a salvo. Y los auténticos artistas, y su arte auténtico, perjudicados. Sólo aquéllos, los entendidos, pueden medir el alcance de la monstruosa injusticia que suscitan, por ejemplo, los premios literarios tal como se producen en España, haciendo que se vendan cientos de miles de ejemplares de mediocres obras de literatura o aun de subliteratura, mientras aquellas que marchan por el camino ascendente de la historia apenas agotan una edición o incluso quedan inéditas. Ni los editores ni el Estado son quiénes para establecer jerarquías literarias. Menos aún, si lo hacen únicamente entre los artistas y escritores incluidos en el canon por los críticos sectarios, quienes cierran el ciclo abierto por ellos mismos, confundiendo publicidad con detección de auténticos valores, confundiendo popularidad con calidad, confundiendo, en fin, a los bufones con los héroes.

92.

En 1970, cuatro universitarios italianos, Sergio Quinzio, Rodolfo Quadrelli, Quirino Principe y Armando Plebe, aportaron cada uno un ensayo y, con prólogo del segundo de los nombrados, publicaron un breve volumen bajo el titulo de *I potenti della letteratura (Los poderosos de la literatura)*. Este alegato contra los poderosos de la literatura debería haber ido dirigido más bien —y hubiera podido serlo con sólo añadir algunos ejemplos a una médula que no tenía por qué cambiar— contra los poderosos de la cultura.

Los ensayos de Quinzio *(La cultura industrial)*, Quadrelli *(Legitimidad e ilegitimidad de la crítica literaria)* y Principe *(El lenguaje de los críticos)* señalaban a dos instituciones como especialmente dignas de ser censuradas en un momento histórico que todavía es el nuestro, como se puede deducir del título de los trabajos: la crítica y la industria cultural. La aportación de Armando Plebe *(La vanguardia tiene mil ojos, el escritor sólo dos)* apuntaba a ese concepto recurrente desde el Romanticismo en adelante —el concepto de vanguardismo—, al que poco le falta para convertirse también en institución; por ende, como escribía Quadrelli en el prólogo, en institución terrorista.

Los cuatro autores del libro ponían su atención en fenómenos todavía hoy actuales, rastreando sus orígenes en la modernidad, pero pretendiendo atacar males presentes e imprimir un rumbo más honesto al interés literario. Querían, por ejemplo, que fuese abolida la costumbre de los premios literarios (llamativos productores de impostura, como hemos hecho notar ampliamente en otro lugar [8]) y que las listas de *best sellers* no se convirtiesen en criterio de valor recensorio, sino a través de indicaciones que impliquen la aceptación o el rechazo, sin discursos pleonásticos y cómplices. Demostraban saber muy bien, empero, que eso difícilmente ocurrirá sin que se haya producido antes una renovación, y no sólo literaria, que reduzca al descrédito o al silencio a los actuales «poderosos».

93.
Sergio Quinzio emparentaba a estos «poderosos» con los escribas del evangelio de Marcos, que hablaban de forma enteramente distinta a como lo hacía Jesús, quien lo hacía «como quien tiene autoridad». Esta diferenciación es sustancial para comprender su punto de vista y el de sus compañeros, como lo es la que establece entre conocimiento y cultura. «El conocimiento es *de* algo, mientras que la cultura es un fin en sí misma, es *inútil*. Diferenciación que se presenta como extraordinariamente fecunda a través de la comparación de la antigua sabiduría popular con lo producido por la nueva casta de «los intelectuales», o, lo que es lo mismo, los fabricantes especializados de cultura; en el sentido, claro, de la cultura de masas, donde, mediante sistemas que tienen más que ver con la economía, con el comercio, que con la literatura y el arte, lo actual prima sobre lo permanente; lo superficial, sobre lo esencial.

94.
Como formando parte de aquella casta, de estos engranajes, es como encaraban Rodolfo Quadrelli y Quirino Principe la figura del crítico, que no responde ya a una tradición, de la cual debería ser el intérprete y el defensor; que no es más que «el bufón de los periódicos o el sabihondo de las revistas especializadas»; que no escribe ya sobre la

Poesía, por ejemplo, sino sobre obras poéticas particulares, produciendo con ello una nefasta heterogeneidad que excluye toda posibilidad de una normativa. Como decía Quadrelli, una civilización es un todo y no necesita justificación, ya que es apodíctica. «Si no tiene reglas que sean trascendentes, si no tiene objetos invisibles, pero sugestivos, está condenada, o bien a fabricarse reglas inmanentes y por ende a oprimir, o bien a teorizar sobre la destrucción de toda regla y, por ende, a disolver». ¿Quién no reconoce en esta alternativa, se pregunta, nuestra condición presente? ¿Quién puede resistir a la tentación de la nostalgia de aquellas que son, o parecen ser, civilizaciones homogéneas? Sin embargo, es necesario tener el valor de contemplar la nada, porque para nosotros la tradición, si es que existe, está delante. Y en otro pasaje de su escrito: «En las civilizaciones heterogéneas (como es la nuestra), la norma se destruye, ya que el producto individual reclama una consideración individual».

Afirmaciones como éstas no implican forzosamente una nostalgia de lo antiguo como algo contrapuesto a lo moderno; por el contrario, en los textos que componen el volumen. está patente la convicción de que existen ideas por reencontrar, no necesariamente en el pasado, sino más bien en las posibilidades permanentes que yacen por debajo de la historia y en el interior del hombre. La tradición no es el pasado, como pretenden historicistas y vanguardistas. «El poder será despojado de su autoridad, que deberá ser reivindicada contra el provisorio remedio de la licencia; y la complicidad será sustituida por el acuerdo tácito entre hombres que no se conocen, cuando los escritores responsables sepan crear una cultura literaria homogénea y no opresiva, y combatan el escepticismo con que los más contemplan los fastos contemporáneos del éxito y la disolución».

95.

La civilización de la imagen representa un avance sobre cualquier otro tipo anterior de civilización, se nos ha dicho. La historia es irreversible, se nos ha dicho y repetido también. En consecuencia, el mantenimiento de formas y medios de comunicación escritos e impresos obedece a la buena disposición culturalista, espiritualista, en suma, humanista de quienes nos gobiernan, es decir, de quienes piensan por nosotros. Pero esto no es verdad. Al menos, no es verdad demostrada. Ni siquiera es una afirmación, verdadera o no, contrastada sobre la presunta piedra de toque de una aparente demostración. Si se hubiese hecho, se habría comprobado que, desde hace unos veinticinco años, no se producen, por ejemplo, libros, sino escritores. Es decir, exactamente lo contrario de lo que debe ser. El escritor producido no es una persona. Es una cosa. Y este mundo, si no quiere aniquilarse a sí mismo, tiene que ser, de un modo u otro, necesariamente humano. Para entonces, para la fecha a la cual he aludido, la sociedad basada casi fundamentalmente en la producción de cosas, se dio cuenta de que los métodos empleados para la venta de esas cosas podían aplicarse a las personas. Que podía existir una especie de manufactura y mercado de personas fue el grande y letal descubrimiento del poderoso mundo de la publicidad. En el ámbito que nos concierne lo llevó, de fabricar *best-sellers*, a fabricar escritores (o, en su caso, pintores) de éxito, perfectamente programados con anterioridad, inclusive, a veces, en ignorancia de los favorecidos. Los dirigentes publicitarios habían descubierto también que podía darse una suerte de empaquetamiento de la experiencia, exhibida con la correcta explicación. Más aún, que la explicación podía ser ofrecida como un sucedáneo de la experiencia.

Los efectos de tales manipulaciones podían ser muy serios para el hombre, lo eran, y no han faltado quienes se han atrevido a señalarlo. Pero no era difícil desprestigiar un intento que en apariencia se situaba a contracorriente del implacable avance de la historia. Se le tachaba de idealismo y no había más que decir. Especialmente, en un momento en que dar importancia a la venta, a lo vendible, era considerado como lo único normal, como prueba del éxito y, por lo tanto, del valor. El imperio de la imagen estaba ya consolidado, con todas sus consecuencias de paternalismo y aliento a la mediocridad. Estaba consolidado en todo color y en toda dimensión. Pero hay que tener en cuenta una cosa. Como dijo Werner Sombart, a quien bastante debo en este punto, una educación por medio de la imagen ha sido característica de todos los gobiernos absolutistas y paternalistas, desde el Egipto de las dinastías hasta la época feudal. La imagen es el resumen visible e indiscutible de una serie de conclusiones a las que ha podido llegarse a través de la elaboración cultural; y la elaboración cultural que se sirve de la palabra transmitida por escrito pertenece a la élite dirigente, mientras que la imagen final es construida por la masa sojuzgada. Por eso, la puesta al alcance de la mayoría de los medios de comunicación impresos; es decir, la posibilitación de la difusión de la palabra, del verbo creador, significó en su día una de las mayores victorias de la causa de la libertad. Repásese la historia. Los medios de comunicación impresos formaron parte sustancial de la expansión de la democracia; los medios de comunicación por medio de imágenes, que se cuelan hasta nuestros retretes y dormitorios, y los medios impresos que imitan sus técnicas de manipulación, creando imagen, están contribuyendo al establecimiento de la mas inapelable forma de dictadura, de una forma siniestra y sutil de dictadura que ni los más férreos dictadores unipersonales hubiesen sido capaces de imaginar. La dictadura que llegará a ser definitiva y, en consecuencia, indestructible, cuando se produzca la total escisión entre la élite detentadora de todos los saberes (que serán, por otra parte, saberes exclusivamente técnicos) y la masa ignorante, o, lo que es lo mismo, conocedora tan sólo de aquello que le dejan conocer. Se hace, pues, necesario apostar por el libro escrito por un escritor personal, original, independiente y libre.

IV

EL ESPIRITUALISTA Y EL HUMANISTA

96.

Como ya he apuntado, André Malraux, que no era creyente, hizo la siguiente afirmación: «El siglo XXI será religioso o no será». Ignoro a través de qué razonamiento pudo llegar a tan tajante conclusión, pues encontré la cita fuera de su contexto, en el arranque de un libro que, hace años, estuvo varias semanas en las listas francesas de *best sellers* y luego desapareció sin dejar rastro: *L'affaire Jesus,* de Henri Guillemin.

Siempre me llamó la atención la coincidencia de ese vaticinio del autor de *El museo imaginario* con el diagnóstico de Arnold Toynbee en su libro *Surviving the future (Sobreviviendo al futuro).* Decía el historiador británico estar convencido de que, aunque la ciencia y la técnica podían eventualmente desacreditar algunos aspectos de los dogmas tradicionales de las llamadas grandes religiones, jamás podrían satisfacer las necesidades espirituales de los hombres que aquéllas trataban de atender. «Históricamente, la religión vino primero y la ciencia nació de la religión, y confío, decía Toynbee, en que no la suplirá jamás». Luego expresaba su convencimiento de que, para que la humanidad alcanzara una paz duradera y permanente era *conditio sine qua non* una revolución religiosa, y aclaraba: «Entiendo por religión la superación del egocentrismo, tanto en los individuos como en las colectividades, a base de entablar relación con la realidad espiritual allende el universo y poner nuestra voluntad en armonía con ella».

Si aceptamos como cierto, pues se presenta como evidente, que las obras de arte constituyen la mejor radiografía espiritual de un momento histórico y que el arte en general es, para la historia de las sociedades humanas, como decía René Huygue, lo que, desde el punto de vista del psiquiatra, es el sueño del hombre individual, no deja de resultar

87

curioso que un genio español de la filosofía y la historia del arte contemporáneo, Juan Eduardo Cirlot, rematase su libro *Arte del siglo XX,* tras exponer en qué consistía la última tendencia del momento en que escribía —1970—, el *erotic art,* afirmando que a esa que él consideraba «ola de desenfreno» sucedería muy probablemente un arte de tipo espiritualista; y que si un día André Breton pudo decir, respecto al arte que se avecinaba, que obedecería a un modelo puramente interior (no naturalista, no imitativo) o no sería, él se atrevía a asegurar también que el arte futuro sería espiritualista o no sería, con figuración o sin ella. «No es posible para el hombre vivir en la creencia de su estricta materialidad. Si para algunos esto es, no sólo posible, sino lo único verosímil, peor para ellos. Los graves problemas con que va a enfrentarse la humanidad en los próximos treinta años, por no superar el umbral del 2000, exigirán esa condición espiritual.»

Cirlot sí era creyente, aunque *sui generis.* En cualquier caso, no parece que los sentimientos personales tuvieran mucho que ver en las apreciaciones que acabamos de exponer. Excepto en el caso de Malraux, cuyos razonamientos, como digo, desconozco, en los otros dos casos se revela que quienes expresan tales convencimientos lo hacen desde el sentimiento de asfixia, de callejón sin salida, de vacío que produce la contemplación de una sociedad dominada por el materialismo más romo, en cuya escala de valores se ha producido un desajuste que parece muy difícil rectificar.

97.

Desde un convencimiento muy semejante al de Cirlot, escribí mi libro *Arte de hoy, arte del futuro*[9] y, unos diez años después, *El profeta de la Era de Acuario* [10], en el cual no sólo defendía la idea de la necesaria espiritualización de una sociedad que, con su hedonismo consumista, con su materialismo de uno u otro signo, estaba caminando, según revelaban los informes del Club de Roma, hacia el desastre autoaniquilador, sino que inclusive aventuraba en qué podía consistir esa revolución de tipo religioso anhelada por Toynbee, dentro de la tradición judeocristiana, que es la que marca la pauta, desde hace casi dos milenios, de los destinos de la humanidad.

Luego trataré de resumir en qué pensaba yo que consistiría esa revolución. Ahora, quiero apresurarme a manifestar mi convencimiento, ya expuesto en el citado libro, de que su necesidad no tenía nada que ver con la existencia real, ni siquiera con la creencia en la existencia real de un Ser Supremo trascendente al Universo. No. Al tiempo que escribía aquellas cosas, me iba asentando más y más en el agnosticismo.

Entendí muy pronto que la revolución de tipo religioso «exigida» por Toynbee como *conditio sine qua non* de una paz verdadera y permanente, de una humanidad menos egocéntrica y, por lo tanto, más solidaria y justa, revolución que, de acuerdo con el papel de reflejo del alma de su época que representa el arte, produciría en éste el efecto señalado por Cirlot, nada tenía que ver con la moda del orientalismo (enriquecedora, por otra parte; utilizo aquí la palabra *moda* sin sentido peyorativo) ni, mucho menos, con la proliferación de sectas que permitió decir a Robert Greenfield que Occidente, con Estados Unidos a la cabeza, se estaba convirtiendo en un autentico «supermercado espiritual».

La cosa tendría que ser mucho más seria. Por supuesto, también, más unitaria; y, por la razón que di, producirse dentro de la tradición judeocristiana: algo, en una palabra, que significase, respecto a los dos milenios de cristianismo que se estaban a punto de cumplir, lo que la predicación de Jesús de Nazaret significó respecto a los dos milenios de imperio de la ley mosaica.

Sin explayar aquí, porque sería muy largo, los razonamientos que necesité todo un libro para desarrollar, ni aludir a las polémicas consecuencias cristológicas, teológicas, a que esos razonamientos conducían, diré tan sólo que mis conclusiones me llevaban al convencimiento de que la revolución religiosa que habría de producirse dentro de la tradición judeocristiana consistiría, en último término, en la sustitución de la iglesia petrina por una iglesia joánica, ya anunciada por Fichte, Schelling, Le Cour y algunos otros, con la lógica serie de consecuencias de las que sólo detallaré dos: un cambio drástico en la jerarquía, mediante la desaparición del papado absolutista, con la consiguiente democratización de la Iglesia, y una sustitución del modelo María de Nazaret por el modelo María Magdalena, con los también consiguientes cambios en la moral; algo nada desdeñable, pues, aunque parezca mentira, la concerniente al sexo —además de la relativa al poder— ha sido la mayor preocupación de jerarcas y maestros desde la segunda generación cristiana. Se podían prever otras consecuencias, ciertamente, pero con éstas basta: revolución política y revolución moral. Todo lo demás vendría por añadidura.

98.
Reflexionando sobre todo cuanto se ha expuesto con anterioridad (en este capítulo, claro), se llega a descubrir que todo el razonamiento se basa en una identificación incorrecta: la identificación de lo espiritual con lo religioso. Ya dije que yo mismo consideré que la necesaria revolución tendría que ser religiosa, independientemente de la aceptación o no de la existencia del objeto del sentimiento

religioso, esto es, de un Creador personal y trascendente al mundo y a la historia. Pero, considerando atentamente la idea de Toynbee, y aun aceptando su fondo, cabe preguntarse: ¿por qué la superación del egocentrismo, tanto en los individuos como en las colectividades, por qué la paz verdadera y permanente, ha de basarse en el hecho de entablar relación con la realidad espiritual allende el universo y en poner nuestra voluntad en armonía con ella? Si resulta que no existe esa realidad, ¿no consistiría la relación con ella en una ficción que, como tal, resultaría irrelevante, ineficaz? ¿Por qué no podrían alcanzarse los mismos logros desde una aceptación consciente, consecuente, de la inmanencia? ¿Por qué no desde una instalación serena en la finitud, como la que describió Tierno Galván en su opúsculo *¿Qué es ser agnóstico?* «Cuando yo hablo de "finito", decía el profesor Tierno, me refiero a la realidad material e *inmaterial* (subrayo yo) que constituye lo que existe, poniéndola en contraposición a lo trascendente, para cualificar al agnóstico como el hombre que *está perfectamente instalado en la finitud,* en lo que llamamos *materia,* y en lo que llamamos *espíritu,* sin necesitar de una sustancia trascendente por la servidumbre del lento avanzar del lenguaje. No es "inmanente" lo contrario en este caso de trascendente, sino mundo y finitud». Y es que agnóstico no equivale a racionalista ni tampoco a materialista. Ni finito, en el contexto de la cita aducida, se presenta como lo contrario a infinito sino que significa sencillamente lo que no es trascendente.

99.
Las mujeres y los hombres occidentales, inclusive los no creyentes, inmersos en una cultura bimilenaria, y productos del lavado de cerebro que ello supone, carecen de perspectiva

para ver hasta qué punto resultan pintorescas formulaciones como las de los dogmas de la infalibilidad pontificia o la virginidad de María, su asunción en cuerpo y alma, etc.; tan pintorescas y mitológicas como nos suena a nosotros el relato de Júpiter bajando del Olimpo y cohabitando con Leda o con quien fuese y engendrando a las Pléyades o a quienes fuese, que después se convirtieron en estrellas, etc. No voy a recordar ahora las ideas de Feuerbach y Freud acerca del origen de las religiones, de la religión. Pero sí voy a aludir al terror metafísico del hombre primitivo, que ignoraba qué era esa cosa invisible que le daba en el rostro y azotaba con furia las ramas de los árboles; que ignoraba también si ese *dios* que cruzaba por encima de su cabeza, proporcionándole luz y calor, volvería alguna vez tras haberse marchado más allá de lo que él creía el confín del mundo, dejándole sumido en aterradoras tinieblas. En un momento dado, el hechicero le explicó que tenía que hacer sacrificios si quería que el *dios* volviese, y él obedecía, porque empezó a comprobar que daba resultado.

La ciencia desplazó a la tierra del centro del sistema solar; al sol del centro de la galaxia; a la galaxia del centro del universo... Muchos que un día fueron grandes interrogantes metafísicos hoy son respondidos en elementales libros de bachillerato. Se ve claro que, cuanto más lugar ocupa el conocimiento, menos espacio queda para la fe. Y no se comprende que un adulto inteligente y culto, después de haberse asomado siquiera a la historia comparada de las religiones, a la antropología y a la física, reflexione sobre el *tema Dios* y siga siendo creyente. Si a otra *cosa,* como la encarnación de las leyes de la física de que ha hablado Stephen Hawking, o a la energía que originó el Big-Bang, si es que hubo Big-Bang, se la quiere llamar Dios, es cuestión diferente. Pero que a la vista del destino de los moradores de este arrugado pedazo de roca y de metal, perdido en un arrabal de un universo finito pero inmenso, se crea en la existencia de Alguien con quien se pueda tener algún tipo de relación, y mucho menos *amorosa,* resulta incomprendible. No hay fe razonable, ni siquiera razonada. Lo que «vemos» en la historia no aboga precisamente por la fe en la providencia, la omnipotencia, la infinita bondad de un ser trascendente, que si un día, como he dicho, el humano desvalido necesitó para explicarse muchas cosas que no entendía, hoy ya no lo necesita tanto. Y sin duda llegará un día en que no lo necesite nada.

100.
A lo que parece, la ciencia está en camino de explicarlo todo, y hasta de poderlo (casi) todo. Claro que aún quedarán justificaciones sentimentales, psicológicas, durante mucho tiempo. Pero inclusive éstas se esfumarán si algún día los desdichados del tercer y cuarto mundos dejan de serlo y, en consecuencia, se borra de su horizonte vital la necesidad de consolarse con la idea de alcanzar un lugar y un estado, «allende el universo», en que sus sufrimientos desaparezcan.

Ante los impresionantes avances de la ingeniería genética en los últimos años, causa vértigo enterarse de que esta ciencia se encuentra aún en sus primeros balbuceos. ¿Es absolutamente de ciencia-ficción especular con la idea de que llegara un día, si antes el hombre no se carga irremisiblemente su hábitat, en que el demiurgo científico se enfrentará con el único verdadero enemigo del ser, la muerte? Yo no lo afirmaría.

Pero esto sí que es fiarlo para largo, que diría don Juan Tenorio. Más cercano está el momento de una necesaria revolución en las ideas, frente a las cuales las de los teólogos —amenazados en su puesto de trabajo, como ha dicho alguien, por el mentado Hawking—, y no digamos ya los políticos, con sus «modelos de sociedad», cada vez más iguales entre sí y menos imaginativos, son como juegos de niños; pero de niños de hace ya tres siglos, pues, si nos fijamos bien, nadie ha añadido nada verdaderamente novedoso a lo expuesto por los enciclopedistas y los grandes genios del pensamiento político y económico de la pasada centuria. Hay un ámbito, sin embargo, en el que nuestra época supera a todas las anteriores: es el ámbito de las ciencias de la naturaleza. Por eso es de su seno de donde ha de partir esa revolución que conduzca al aprendizaje, por parte del hombre de la calle, de la vida en un mundo ya no providencialmente sostenido, y sin un epílogo eterno en el que se compensarían los sufrimientos de éste.

101.

La revolución más que copernicana que han supuesto la teoría de la relatividad y la mecánica cuántica ha configurado un universo que no sólo admite la inmanencia, sino que rechaza la trascendencia. El hecho de que la mayoría no haya aceptado sus consecuencias, o haya seguido viviendo y pensando como si no las hubiese aceptado, es la causa de una serie de confusiones que impiden el establecimiento de una escala de valores acorde con la realidad. Además de la recién mencionada de espiritualismo con religiosidad, están: la confusión de Dios con el Dios de las religiones (podría demostrarse la *necesidad* de una Inteligencia suprema, por encima de las leyes de la Ciencia, sin que tenga que tratarse de Alguien en relación con los seres humanos); la confusión del Dios de las religiones con el Dios de la Biblia; la confusión de Dios con un Creador trascendente al Universo (puede haber un Motor inmanente o puede no haber nada, si, como quiere Stephen Hawking, el Universo es autocontenido, sin un borde espacial, sin principio ni fin en el tiempo, en el que no hay lugar para ningún Creador); la confusión de religión con ética... Llegará un día en que se refieran a esta época de predominio de las religiones en la explicación del hombre y del universo como nosotros nos referimos a los tiempos del animismo, a los tiempos de la religión reclamada por el terror metafísico producto de tantas ignorancias.

102.

La afirmación de que el hombre está hecho a imagen y semejanza de Dios dice algo a favor de una religión, pero no a favor de Dios, en cuanto demuestra que esa religión tiene un alto concepto del hombre. Pero como esa religión es creación de hombres, el tal enunciado, evidentemente, no presupone que un Dios haya dicho o hecho eso.

103.

Quizá Dios sea un invento del hombre, sí; pero como una perfección ética deseable, como lo que se plasmaría cuando el hombre —un hombre, todos los hombres— se superase a sí mismo. En esta superación consistiría la trascendencia (frente a la inmanencia del yo).

En este sentido, la sociedad trasciende al individuo y, desde esta perspectiva, la sociedad podría ser la religión para los solitarios.

104.

La Biología está aún, según dicen, en sus primeros balbuceos y son tremendos los logros que ha alcanzado en unos pocos años. Anoto como una de las posibles hipótesis sobre el futuro ésa: un día la muerte no será el fin fatal de la vida. ¿Qué connotaciones tendrá esa realidad que, para mí, todavía, no lo es, para la existencia en este planeta, este sistema, esta galaxia, este universo? No puedo ni imaginarlo... Siento la mayor envidia que se pueda sentir por esa generación afortunada. Si hubiese un Dios personal sería, no infinitamente justo, sino infinitamente injusto.

105.
La novela, desde Cervantes hasta el siglo XIX, fue novela newtoniana. La novela propia del siglo XX y principios del XXI es y será novela relativista y cuántica.

106.
No siempre basta con ser justos, desentendiéndose de lo que hagan los demás. Hay injusticias tan grandes, que sólo se pueden compensar con otra injusticia. Si nos abofetean una mejilla, hay que responder con un puñetazo en la sien. Si no nos dejan ser justos, seamos, siquiera, justicieros. Hasta el que se presentó como el más manso empleó el látigo contra los mercaderes.

107.
Es una falacia decir que «esto», el mundo, tiene que haberlo hecho alguien. Es una petición de principio. Si todo ha de tener una causa, ¿qué o quién ha sido la causa de ese alguien? Y si puede haber algo incausado, una causa incausada, ¿por qué no puede ser la materia, la energía?

La observación de la historia muestra que Dios puede haber sido creado por el hombre. Ni remotamente se puede pensar que la materia o la energía hayan podido ser creadas por el hombre.

108.

Las mayores desigualdades las produce la naturaleza, no el hombre.

109.

Religiosidad. —aceptación de la existencia del misterio, intento de hallar una explicación para lo inexorable, aquello que trasciende el conocimiento humano... Hechos, seres y objetos son *divinos* hasta que la ciencia los explica.

110.

Parece ser que los historiadores tienen una regla para aplicarla a los hechos de cuya historicidad se ha llegado a dudar. Dicen, por ejemplo, que negar la historicidad de Jesús plantea más problemas que aceptarla; por tanto, la aceptan. Pienso que una regla semejante se puede aplicar a la existencia de Dios. Aceptarla plantea muchos más problemas que negarla. Mejor no aceptarla.

111.

En la época precientífica, se necesitó a Dios como explicación de muchas cosas. Ahora, las leyes de la física nos permiten afirmar que lo que es eterno es la materia (o la energía), puesto que, evidentemente, tiene que haber algo eterno, incausado o autocausado. El Dios personal, bueno y providente, es incompatible con un niño mongólico, con la erupción de un volcán que arrasa todo un pueblo, con tantos territorios en los que no llueve ni sobre los malos ni sobre los buenos, en una palabra, con todo cuanto aventa la hoguera del llamado «problema del mal». Pero si de lo que se trata es de la evolución de la materia, podemos admitir cualquier fallo sin escándalo.

112.
Si la evolución de la materia, en determinado estado, exige la decadencia, la degradación, la corrupción, que éstas ocurran no repugna a la razón. Pero que un Ser omnipotente, bueno y justo, tenga que hacer pasar a sus criaturas por la decadencia, el sufrimiento, la podredumbre y la muerte, sí repugna.

113.
Los moralistas católicos se han preguntado —han preguntado— si era lícito a los regímenes marxistas sacrificar a una o dos generaciones para que la siguiente lograse, por fin, los frutos de la revolución. Choca que no hayan —se hayan— preguntado si era acorde con la infinita bondad y justicia de *su* Dios el sacrificio de billones de generaciones, desde hace cinco mil millones de años, para que la sociedad humana alcance este estado, que todavía dista bastante de ser utópico.

114.
Yo no digo que no se pueda alcanzar una verdad por la intuición. Lo que digo es que si yo descubro una verdad por el razonamiento, la puedo comunicar a otras personas y éstas, mediante el mismo razonamiento, tendrán que aceptarla, la aceptarán. En cambio, los descubrimientos de la intuición no son comunicables, porque no son demostrables. Sólo sirven al intuitivo. A los demás, sólo cuando hayan sido razonados.

115.
Si hubiese un Dios, ¿qué razón tendría para no manifestarse?

116.

Si existe esa Superinteligencia hacia la que apuntan teorías como las de Fred Hoyle *(El universo inteligente)* y Paul Davies *(Dios y la nueva física* y *La mente de Dios)*, la ciencia la deducirá un día, no mística, sino matemáticamente. Pero, por los indicios, esa Superinteligencia es inmanente al Universo. ¿Por qué una Superinteligencia que correspondiese a un Ser personal iba a ponerse a jugar al escondite, planteando problemas y procurando sinsabores a sus pobres criaturas (excepto al «pueblo elegido», claro, y durante únicamente la época que «historia» el Antiguo Testamento, cuando se manifestaba casi todos los días por la mañana y por la tarde), a hacerlas sufrir, exigirles sacrificios, etc., etc.?

117.

No es una postura intelectual honesta la de los ateos que no dan razones de su rechazo de la existencia de un ser sobrenatural, trascendente al Universo. En el fondo, son tan «carboneros» como los creyentes ingenuos. De hecho, son personas que a lo que de verdad se oponen es a una religión. O, más aún, a una iglesia. Ser ateo seriamente exige razonar el ateísmo.

118.

No se comprende por qué algunos físicos consideran disparatada la teoría de Hugh Everett de los universos múltiples. El caso es que, matemáticamente, han de reconocer que resulta inobjetable. Y, al fin y al cabo, también Dios es una hipótesis y se escriben millones de volúmenes sobre él y hasta se le construyen templos.

119.

La redención... ¿Por qué esperar tantos millones de años para redimir al hombre? Por otra parte, ¿en qué ha consistido la redención? Y ¿en qué se nota que estamos redimidos?

120.

Que lo pongan a uno en este mundo para, a continuación, conminarle a que renuncie a lo mejor que hay en él parece bastante inconsecuente. Es lo que la Iglesia católica pretende que quiere Dios.

121.

Primero crean un Ser de poderes supremos, de cualidades en grado infinito, creador de universos llenos de estrellas y planetas y de seres inteligentes capaces de alumbrar las Meninas, la Victoria de Samotracia, la catedral de Chartres, la tragedia ática y la *Divina Commedia,* los cohetes espaciales y la medicina... Y luego lo ponen a vigilar si un adolescente se masturba o si una pareja de novios lleva su amor a la plenitud; si un pobre campesino boliviano, que ya tiene seis hijos, derrama el semen en la tierra y no en las entrañas castigadas de su mujer; si el hijo de un banquero necesita ayuda en el examen de historia; si a una numeraria del Opus se le ha caído una lentilla en la arena, para buscársela inmediatamente...

122.

¿Encontraron los filósofos del siglo XVIII la panacea intelectual que sirviera a todos los hombres de las épocas futuras, y hubiese servido, de poseerla, a los del pasado? Sin duda, no. Pero sí encontraron unos cuantos valores, en cuya defensa se empeñaron, y sobre los cuales se apoyaron para dar un giro (para bien) a la historia.

123.

La física no deja de avanzar; pero fue en la primera mitad de nuestro siglo cuando estableció las dos teorías que han transformado por completo la visión del universo, consumando una revolución tan grande, y de tantos efectos filosóficos, como la que llevó a cabo Copérnico al desplazar a la Tierra del centro del sistema solar. Me refiero a la teoría especial de la relatividad y a la mecánica cuántica. Aunque, para la mayoría de la gente, esta revolución haya pasado inadvertida, el caso es que, lo sepamos o no, vivimos en un universo completamente distinto del que habitaron nuestros abuelos. Es sin duda esta ignorancia la que provoca una serie de confusiones, de entre las que se me ocurren por el momento: la confusión de Dios con el Dios de las religiones; la del Dios de las religiones con el Dios de la Biblia; la de Dios con un Creador trascendente al Universo; la confusión de religión con ética y, consiguientemente, la de creencia con bondad.

124.

El Dios maravilloso del Sermón de la Montaña fue un invento de Jesús, una proyección de sí mismo, de su amor, de su religiosidad. Porque no es cierto que Dios haga llover sobre buenos y malos, sobre justos e injustos... Ni que se preocupe de nuestro alimento y vestido, etc.

125.

Que tantos millones de personas sigan rigiendo sus vidas y, lo que es más, fundamenten su cosmovisión en doctrinas como las del Nuevo Testamento, formuladas hace dos mil años, resulta bastante chocante. Quizá sea porque estas personas reducen sus necesidades espirituales a las de índole ética y a su seguridad respecto a un hipotético Mas Allá. Frente a tanto como la física ha descubierto sobre el ser del Universo y el acontecer del hombre dentro de él, aquellas doctrinas no tienen ya mucho que decir.

126.
Los mercaderes, los críticos... Están todos tan corrompidos que sólo el tener la seguridad de no ser el más corrompido basta a muchos de ellos para tranquilizarles la conciencia.

127.
Dicen que Dios hizo al hombre libre y que todo el mal viene del uso erróneo o perverso, por el hombre, de esa libertad. No se entiende bien cómo por el mal uso que el hombre hace de su libertad nacen niños mongólicos; la vida se termina al cabo de una decadencia triste y dolorosa; los volcanes entran en erupción y arrasan pueblos enteros; se levantan ciclones y mareas exterminadoras; nacen seres humanos en lugares donde no se pueden realizar como se realizan los afortunados que nacen en otros; o en épocas en que no podían disfrutar de nada, sólo sobrevivir malamente en un medio supremamente hostil...

128.
El Dios del Antiguo Testamento es el mismo Dios del Nuevo Testamento. A sus fieles del AT les prescribe la ley del ojo por ojo y diente por diente, y les manda entrar en las ciudades de sus *enemigos* y matar mujeres, niños, animales y todo cuanto se les ponga por delante. A los del NT, en cambio, les ordena amar a sus enemigos y poner la otra mejilla cuando les abofeteen en una. ¿Qué pasó? ¿Que el

buen Dios infinitamente sabio no tenia al principio las ideas muy claras?

129.
Que un Ser que tuvo en sus manos hacer las cosas de la mejor manera, las hiciese de la forma más humillante y dolorosa para sus criaturas, no se entiende si no es porque se tratase de un Ser infinitamente perverso.

130.
La dificultad no estriba en tener que elegir entre el bien y el mal, sino en tener que elegir entre un bien y otro bien. Es cuando más inoperante se presenta nuestra pretendida libertad.

131.
Un escritor no tiene ninguna obligación de leer a sus contemporáneos. En realidad, sólo tiene que hacer «lecturas conexas», o sea, aquellas que le ayuden a cimentar y ensanchar su propio campo, a solidificar su formación. No es bueno dejarse influir por los contemporáneos. Los escritores de un tiempo debemos basarnos en lo que hasta nosotros se ha realizado y, a partir de ahí, abrir nuevos caminos. A uno, sus condiciones existenciales y sus capacidades le llevarán hacia un lado. A otro, hacia otro lado. ¿Qué camino es el bueno? Eso ya se verá, o ya lo verán. No somos nosotros quienes debemos decirlo. Pero si miramos de reojo lo que está haciendo otro, partiendo de los mismos presupuestos, podemos confundirnos y no seguir bien ni su ruta, ni la nuestra ni ninguna.

Un escritor, un artista, debe conocer lo que se ha hecho hasta él y, desde ahí, partir para su propia aventura. En la pintura se advierte muy bien la confusión que ha creado el hecho de que los artistas contemporáneos se hayan mirado unos a otros.

132.
Para añadir al juicio de Goethe. Dice Nietzsche, precursor como siempre, en *Opiniones y sentencias:* «La prensa es solamente un ruido ciego y permanente que inclina los oídos y los demás sentidos hacia una falsa dirección».

133.
No es en absoluto comprensible la enemistad que el cristianismo manifiesta por el sexo. Según sus propios presupuestos, ¿quién creó el sexo? ¿Quién es el responsable de que hombres y mujeres se atraigan mutuamente? ¿No forma todo ello parte del orden de lo creado? No deja de ser sospechoso que se predique tanto la represión de este impulso fundamental, al que la «gente de orden» puede dar suelta a escondidas sin empañar por ello su imagen de virtuosos. ¿Por qué no se predica con el mismo énfasis la represión del impulso de enriquecerse, del de acaparar poder, del animalesco impulso de la gula?

134.
«Y creó Dios al hombre a imagen suya, a imagen de Dios lo creó, y los creó macho y hembra» (Gen 1,27). Los creó, además, de forma que, tanto fisiológica como psicológica, sensual como sentimentalmente, se complementen. De esta complementariedad, surge la mutua atracción. Esa atracción, cumplida, da lugar al más hermoso placer que se puede alcanzar en esta tierra, en esta vida. ¿Y va luego el mismo Dios a no tener, según sus vicarios, otro interés mayor que contradecir esa natural atracción que él mismo ha impulsado? No sería muy consecuente.

135.

La Iglesia siempre dice lo que tiene que decir para que quede incólume su edificio doctrinal —en el que fundamenta su poder—, hasta en sus partes más obsoletas e inconvenientes. Ella conoce perfectamente, por ejemplo, los peligros del sida y de la superpoblación, esto es, la necesidad del uso de profilácticos y del control de la natalidad. Pero lo que parece obstinación por su parte no es sino confianza en la desobediencia de sus fieles, es decir, en el pecado, su gran aliado a lo largo de la Historia.

136.

No resulta fácil aceptar nuestro carácter efímero ante la persistencia de la naturaleza inanimada. O, más duramente, pues el concepto de *naturaleza* está demasiado implicado en la imagen de nuestro —al parecer, excepcional— planeta: ¿Cómo aceptar nuestro carácter efímero, ante la persistencia de la materia?

137.

Pregunto a un creyente ortodoxo: si se inventase un aparato que permitiese ver en el pasado, y a ti te fuese dado ver a María, la madre de Jesús, cohabitando con José y, después, dando a luz, ¿qué creerías? ¿Lo que dice el dogma o lo que ven tus ojos?

Pues bien, hay una ciencia que se llama crítica histórica, que nos ayuda a realizar ese viaje en el tiempo. Y esta ciencia nos dice que es más seguro que Jesús fuese el fruto de una relación irregular, esto es, ilegítimo, que de un parto virginal.

138.

Todos los cristianos son docetas, herejes frente a la declaración de Calcedonia. Ninguno cree auténticamente que Jesus fuera un verdadero hombre, con todas sus consecuencias. Y no es para tenérselo en cuenta. Desde siempre, les machacan con que Jesús nació sin que la semilla de su padre fecundara el óvulo de su madre. Con que a los doce años era tan sabio que confundía con su sabiduría a los sabios más sabios de Israel. Que caminaba por encima de las aguas. Que cogía cinco panes y, pronunciando unas palabras, los convertía en cinco mil. Que se pasó la vida curando enfermos incurables y resucitando muertos. Que él mismo resucitó tres días después de haber sido enterrado y, al cabo de otros cuarenta días de aparecerse y hacer nuevos milagros, se elevó hacia el cielo hasta desaparecer. Ciertamente, éste no es el retrato de un hombre.

139.

Toda fe es fe del carbonero. En cuanto empieza a actuar la razón, la fe retrocede. Cuanto más lugar ocupa el conocimiento racional, menos espacio queda para la fe. Un día, la ciencia lo explicará todo y ya no serán necesarias las religiones, que nacieron para explicar cosas, muchas de las cuales son ya, hoy día, explicables.

140.

De los dos relatos de la creación que contiene el *Génesis*, por lo que respecta a la creación del ser humano, la Iglesia siempre cita el del capítulo segundo, de donde se desprende la superioridad del hombre, puesto que la mujer es sacada de él, por tanto, *posteriormente*. Antes está, sin embargo, Gen 1, donde se dice que Dios creó al ser humano, y lo creó macho y hembra. Dos formas distintas del ser humano, pero sin jerarquía entre ellas.

141.

Apenas iniciada su particular cosmogonía, en el capítulo tercero del *Génesis* —1-6—, el judeocristianismo ya desacredita a la mujer: ella se deja engañar por la serpiente, desobedece el mandato divino y hace que Adán desobedezca también. Y así, por su culpa, entra el pecado en el mundo, y la muerte. Más tarde, la «Historia de la redención» que, por lo dicho, necesita el género humano, se vehicula a través de la que, previamente, se declara *esclava del Señor.*

142.

Jesús y la mujer. Si a Jesús se le considera como un judío palestino del siglo I, un rabbi, su valoración de la mujer, dada la cultura de su entorno, es muy positiva; y justifica que Leonard Swidler haya escrito un ensayo bajo el título *Jesús era feminista:* la defendió frente a la ley; tuvo discípulas muy cercanas, a algunas de las cuales, como María Magdalena, las distinguió especialmente; no se recató de ser visto con mujeres en público y las instruyó en la Tora, siendo así que ambas cosas estaban prohibidas; afirmó que había elegido mejor parte la intelectual María que la hacendosa Marta... Heterodoxo y revolucionario, ciertamente, *el hombre Jesús,* en su momento histórico. Ahora bien, si se le considera un Dios encarnado, que prepara su Reino, la Iglesia, en este mundo y que, como fundador de una religión divina, tiene en cuenta no ya el futuro, sino la eternidad, no puede caber duda de que continuó consagrando el patriarcalismo: eligió como germen de esa Iglesia a doce varones y a uno de ellos lo constituyó en cabeza, con poder para hacer y deshacer. Entre otras cosas, para dejar a la mujer apartada de las tareas importantes, como sus sucesores no dejan de recordarnos.

143.

Si en el nacimiento de Jesús se produjo algún hecho prodigioso, ¿cómo es que los escritos más antiguos del Nuevo Testamento no se refieren a él? Ninguna de las tres grandes cristologías del Nuevo Testamento hablan del nacimiento virginal, lo que, en el mejor de los casos, indicaría que el mensaje cristiano se puede proclamar sin ese *mitologoumenon*. Que el mayor teólogo de la iglesia primitiva ni siquiera nombre a María es ya bastante chocante. ¡Cómo se eluden estos escollos en la predicación! Y ¡qué poco fino hilan los fieles en sus lecturas!

144.

Un joven fustigador de impostores ha pretendido tranquilizarme y tranquilizarse fiando el fallo definitivo sobre los méritos y la adecuación histórica a la posteridad. El juicio de la posteridad... ¡Nuestras generaciones no tienen posteridad! El tiempo se está convirtiendo en una sucesión de presentes fugaces, con futuros presentes, pero sin pasado. Aquel platónico «todo es memoria» sólo tendrá vigencia en cuanto sea memoria del presente. Lo que no sea memoria de un presente todavía actuante quedará al margen de la historia, en la periferia de lo real. Y conste que yo escribí la *Historia de una impostura* como si creyera que va a haber posteridad, por si el sentido de la marcha cambia y resulta que la hay, pero con el amargo sentimiento de ver continuamente a mi alrededor a la injusticia triunfante; viendo, como decía Argensola, que las manos inicuas vibran victoriosas palmas, mientras la virtud gime en el injusto regocijo de su triunfo.

145.
Si nuestra época es una época de crisis, desquiciada, loca, y ha dado pruebas de ello, también ha dado pruebas ya, a estas alturas, de haber alcanzado una sólida, respetable y esperanzadora madurez de su locura.

146.
La razón última —digo última— de toda actividad artística es dilucidar las relaciones del hombre con el universo. La religión, la moral, la filosofía pretenden conducir y aun gobernar esas relaciones. El papel de la ciencia es desbrozar el camino a éstas. El arte las encuentra por sí solo a través de la intuición de los artistas, aunque a veces cuenta también con la ayuda de la ciencia.

147.
En arte, muy especialmente en aquellas de sus manifestaciones que imitan la vida, no sólo en su figuración, sino también en su transcurso, todo cuanto se pueda sugerir no hay por qué decirlo claramente.

148.
Estoy convencido de que es posible extraer un común denominador, una última médula compartida, que situaría en un mismo plano la poesía homérica y la estatuaria griega, por una parte y por ejemplo, y, por otra, las manifestaciones más recientes de lo que todavía llamamos arte, y que tendría más que ver con una forma mágica de conocimiento, con una apertura del ser encarnado hacia un plano de realidad distinta a esta que exploramos con los sentidos, que con el bien, la verdad o el placer. Y ello al margen de la existencia, en las obras de arte, de otros elementos reclamados en cada

momento por la situación histórica o la concepción del mundo vigente, como puede ser, en un extremo, la satisfacción hedonista y, en el otro, el compromiso político.

149.
Hoy día, no está nada clara la actitud de todos los implicados en el mundo del arte como fenómeno cultural, desde los filósofos a los sociólogos, desde los críticos a los propios artistas, y es que hay demasiadas interferencias y, como se advierte en muchos escritos, las afirmaciones hechas sobre una base filosófica quedan invalidadas si se contemplan los hechos a que aluden desde un punto de vista histórico. Como quedan invalidadas determinadas manifestaciones de críticos y de artistas, basadas en un criterio más o menos vagamente sociológico, por las propias actitudes vitales. Es evidente que un mínimo de consecuencia debería haber llevado a muchos, especialmente en la década de los setenta, al absoluto silencio. A otros, a no hablar en presente de lo que aseguran o aseguraban que pertenecía al pasado. Pero lo que se impone, sobre todo, denunciar es que siempre que se llevan a cabo espectaculares manifestaciones contestatarias, verbales o expositivas, es como base de la publicidad de obras de tipo convencional.

150.
Los años medios del siglo XX han engendrado factores como para haber hecho de su segunda mitad una época optimista, como lo fue el siglo XVIII, cuando rompió la camisa de fuerza que suponían los dogmas e intuyó hasta dónde podían llegar los caminos iluminados por la razón. ¿Por qué no ha sido así? Por falta de espíritu. Porque el cuerpo descomunalmente engrandecido por la técnica no ha contado con ese «suplemento de alma» de que hablaba

Bergson. Por lo mismo, el arte, que es la pantalla que refleja las aspiraciones, los sueños, de esa suma de cuerpos que es la sociedad, ha descendido con respecto al de la primera mitad.

151.

O aceptamos encontrarnos en un momento histórico tan crítico que ninguna afirmación válida es posible, o nos ponemos a asentar valores y a poner un poco de orden en la ceremonia de la confusión. O declaramos la muerte del arte, decimos que bien muerto está y lo enterramos, o admitimos, si no su vitalidad, al menos su posibilidad e intentamos reanimarlo, porque vemos en él un instrumento soteriológico, capaz de promover eso que René Guenon llamaba un enderezamiento de la historia.

152.

Las *Cartas literarias y* el resto de las especulaciones de Bécquer acerca de la mecánica y el contenido del acto creador valen para interpretar y comprender su poesía; pero no sirven para asentar sobre ellas una poética de valor universal. Todo lo contrario ocurre con la *Filosofía de la composición,* de Edgar Poe, que es más, mucho más, que un programa personal, y que anticipa el intelectualismo, e incluso el culturalismo, del arte del siglo XX.

153.

De una manera o de otra, todo escritor, todo artista, es lírico; proyecta en su obra sus sentimientos personales y las fricciones o complicidades de su yo con el mundo que le rodea, sea mundo físico, sea universo de ideas y de valores. La diferencia del artista válido respecto al que no lo es consiste en que la expresión del artista auténtico refleja también los sentimientos, conflictos y complicidades de otros seres humanos, que ven en él a su intérprete o a su guía.

154.
Cada vez más se presenta el sexo (en el cine y la televisión, sobre todo) en un nivel tan superficial que ni siquiera es de *vodevil*. Es un nivel casi de apareamiento animal. Sin adornos, sin ritual. Lo están desplazando fuera de la cultura. Decía Eliade que el acto sexual es un hecho sagrado; como mínimo, es un hecho cultural.

155.
Es preciso que el novelista mengüe para que la novela crezca.

156.
Componer una novela es como un juego; pero en un simple juego —ya lo sabían los antiguos— puede estar implícita una explicación del universo.

157.
Un bel morire tutta una vita onora. Y, en una novela, un buen final —adecuado, creciente— valoriza toda la trayectoria que lleva hasta él. Debe tenerlo en cuenta el novelista: la última no es una página más. Al lector no hay que decirle esto, lo descubrirá por sí mismo.

158.
En países de (supuesta) mayoría católica, las crisis de fe se suelen presentar como hechos negativos, porque se da por sentado que creer es bueno y no creer es malo. Más erróneo e injusto era todavía, en el mismo orden de ideas,

lo que nos inculcaban en los colegios de religiosos en los años cuarenta: que los creyentes eran los buenos y los no creyentes, los malos.

159.

Mientras la Iglesia no acepte humildemente que su fundador, por genial que fuese, no fue sino un fundador más entre otros muchos fundadores, un judío del siglo I, condicionado por la cultura de su pueblo y de su época, seguirá sosteniendo cosas que difícilmente podrá admitir un espíritu libre de Occidente en las postrimerías del segundo milenio.

160.

Si no se acepta la genialidad de Jesús de Nazaret, hay que aceptar la de los redactores del Nuevo Testamento. Y pienso ahora en los evangelios, no en Pablo, quien sin duda también fue un genio religioso.

161.

No es aceptable que, tras hablar de ruptura, tras pretender, lo llamen así o no, saltos cualitativos, algunos críticos intenten justificar determinadas formas de (supuesto) arte mediante categorías convencionales.

162.

Algunas religiones, las llamadas religiones universales o de salvación, se pretenden productos de una revelación, esto es, de una manifestación de lo oculto hecha por un poder superior; en una palabra, por Dios. Es evidente que, al ser estas religiones no sólo diferentes, sino, en muchos puntos, contradictorias entre sí, no todas ellas, sino solamente una, será la fundada en una revelación real... Si se acepta, naturalmente, esta línea de pensamiento.

163.

El catolicismo se autoproclama —inclusive frente a otros sectores cristianos y también frente al judaísmo, la mayor parte de cuyo canon de libros revelados, no obstante, hace suyos, en un gesto de apropiación tan audaz como excluyente— se autoproclama, digo, como única religión verdadera. Hasta la declaración *Nostra Aetate* del Concilio Vaticano II, no sé de una afirmación de su parte, por lo demás compungidamente paternalista, de que en lo que digan o hayan dicho otras religiones pueda haber algo «de santo y verdadero». No cuesta trabajo deducir qué piensa de lo demás.

164.

Otra de las más importantes constituciones del Concilio, la *Verbum Dei,* asegura que los libros que la Santa Iglesia considera santos y canónicos, los libros enteros del Antiguo y Nuevo Testamento, «tienen a Dios por autor». Lo cual nos lleva a deducir que, en opinión del Magisterio, es doctrina revelada, por ejemplo, la conveniencia de no beber agua sola, sino mezclada con un poco de vino (I Tim 5, 23).

165.

Si, como segunda premisa del silogismo cuya mayor fuese la afirmación de que Dios es el autor de los libros del Antiguo y del Nuevo Testamento, plantamos lo que el catolicismo entiende por Dios, pienso que la primera conclusión que se podría sacar sería la de que las Escrituras que han tenido a Dios por autor deberían ser superiores, en distancias, no ya de años-luz, sino de eternidades-luz, a las de otras religiones. Yo no creo que nadie que se haya asomado siquiera a los libros del Taoísmo, el Mazdeísmo, el Budismo, el Hinduismo, el Islam y otras grandes religiones, pueda afirmar seriamente que esto es así. Son más o menos iguales y, en algunos extremos, inferiores.

166.
El pensamiento de Jesús es el de uno de tantos profetas apocalípticos judíos de la época intertestamentaria. Y ni mucho menos infinitamente superior al de Hillel o al de Shamai.

167.
He hablado en el punto 165 de «lo que el catolicismo entiende por Dios». ¿Qué entiende por tal? A la vista de la doctrina de la revelación, es de suponer que lo que el propio Dios le ha revelado a través de «los libros enteros del Antiguo y del Nuevo Testamento», los cuales, por tener al autor que tienen, deberían ser un modelo de claridad y precisión, especialmente respecto a un punto tan importante. ¿Es así? Ni muchísimo menos. El lector de esos libros revelados, ¿con qué, es decir, con quién tendría que quedarse? ¿Con el Dios que lleva a la victoria al pueblo elegido o con el que, en singular paradoja ya señalada por Max Weber, no sólo deja de protegerle contra sus enemigos, sino que además permite que caiga o lo empuja a la ignominia y la esclavitud? ¿Con el que parece no tener otra ocupación que cohesionar en una monarquía a aquellas tribus dispersas cuyo núcleo había sacado de Egipto o con aquel para quien, según Pablo, no hay acepción de personas? ¿Con el que ordena arrasar ciudades y aplastar cráneos de inocentes mujeres y niños o con el que, en el Sermón de la Montaña, llueve para buenos y malos, justos y pecadores? La serie podría continuar.

168.

Sería de presumir igualmente que lo que el Dios Omnipotente se decida a revelar —en un momento de la historia de la humanidad, por cierto, que deja fuera del beneficioso alcance de su *Palabra* incontables generaciones de seres humanos, lo que no casa demasiado con su cualidad de infinitamente justo— habría de constituir un *corpus* de doctrina fijado de una vez por todas, monolítico, irrebatible por los pobres seres contingentes, único e inconmovible, sin fisuras, perfecto. ¿Es así? No parece que lo sea. No parece que la *Palabra* esté muy clara. Si no, ¿a qué tantos millones de páginas de exégesis, contradictorias a veces entre sí, por otra parte? En cuanto a doctrina, realmente, no es posible saber, respecto a cuestiones importantes, qué es lo que ha sido revelado. Ciñéndonos al Nuevo Testamento, ¿con qué nos quedamos? ¿Con la observancia fiel y rigurosa de la ley mosaica que exige Jesús en el Sermón de la Montaña o con la absoluta libertad respecto a esa ley que propugna la predicación de Pablo? ¿Con la diatriba contra la justificación por la fe de la epístola de Santiago o con la convencida defensa del carácter bíblico de la misma que hace Pablo en la *Epístola a los Romanos?* ¿Con la seguridad que tenían Jesús y Pablo de que las suyas eran las últimas generaciones o con el hecho de que casi dos mil años más tarde sus seguidores los sigan interpretando? ¿Con los nombres de los abuelos, bisabuelos, tatarabuelos, etc. de Jesús que nos ofrece Mateo o con los tan distintos que nos proporciona Lucas? ¿Con lo que sobre tantas cosas dice el joven Pablo o con lo que sobre las mismas cosas escribe el Pablo más maduro? Curiosa revelación, que va cambiando con el cacumen de su intermediario humano. De hecho, Pablo casi sólo es constante respecto al modo de eficacia de la muerte en cruz; en muchas otras cosas, muestra una acusada proclividad a adaptarse a las particulares situaciones de sus corresponsales. En la *Epístola a los Gálatas*, es tajante la exigencia de que la salvación se halla únicamente en la adhesión por la fe en la alianza sellada por Dios con Abraham, sellada por Jesús; en *Romanos*, la doctrina al respecto aparece muy matizada. En el corpus paulino se detectan por lo menos dos versiones distintas de las relaciones entre la Ley y la obra de Cristo, ¿cuál de las dos es la que hay que aceptar? Las dos aparecen en libros revelados. En *Corintios*, Pablo afirma que el crucificado fue el mesías, algo muy distinto a lo que dice en *Romanos*. Marcos hace responsables de la muerte de Jesús a los sumos sacerdotes con los presbíteros y los escribas; Juan, única y exclusivamente a los judíos. Juan es trinitario. Mateo todavía no lo es. Aunque da, respecto a Marcos, un paso hacia el concepto de encarnación, no concibe una preexistencia de Jesús. Tampoco el autor de *Hechos* es trinitario. Curiosa revelación, repito. En I *Corintios* 5,9, habla Pablo de otra carta que había escrito a los hermanos de Laodicea, la cual recomienda leer; carta sin duda tan revelada como las otras, pero que no nos ha llegado. Revelada y perdida, como si hubiese dependido de un correo humano. Según unos evangelistas, la vida pública duró tres años; según otros, solamente uno. El mayor milagro de Jesús, la resurrección de Lázaro, sólo lo narra el cuarto evangelista, ¿es que los otros no se habían enterado? Etc., etc.

169.
La redención... Que Dios, por el pecado de un simple mortal, o de muchos o de todos los mortales, necesite para apaciguarse que su Hijo unigénito, de su misma naturaleza, sea abofeteado, escupido, escarnecido, atormentado y

muerto, resulta bastante sanguinario, e incongruente con su bondad infinita. Pero es que, por otra parte, puestos a aceptar esta doctrina, si Dios es lo que se nos dice que es y, por haber sido ofendido, necesita una satisfacción condigna, que esa satisfacción consista en unos cuantos salivazos, unos azotes y una crucifixión como tantas que a millares practicaron los romanos, parece ridículamente desproporcionado.

170.
Los teólogos dicen que el Dios perfecto, autosuficiente, pleno, autosatisfecho, etc. no necesitaba para nada de las criaturas (cosa lógica, dada la definición que dan de él); pero que produjo la creación *por amor.* Se hace inevitable pensar: si por amor hizo *esto,* ¿qué hubiese hecho por odio? No es fácil entender que un ser infinitamente bueno, teniendo, antes de la creación, todas las posibilidades en su mano, diera lugar a un mundo como éste; que, pudiendo crear seres felices, los hiciera tan desgraciados. No es fácil entender que Leibniz dijera que éste es el mejor de los mundos posibles. A cualquiera se le ocurre mejorarlo en algo. Y eso es tremendo: cualquier mejora haría de una criatura un ser mejor que el Creador.

171.
Dicen también que Dios hizo al hombre libre y que el hombre, pudiendo elegir entre el bien y el mal, ha elegido el mal. Que, por lo tanto, el hombre es el responsable del mal. Esto es una falacia. Si al hombre le es dado elegir el mal, es porque el mal ya existe. El hombre puede ser responsable de este o aquel mal concreto, pero no del mal metafísico. ¿Cómo iba a habérsele ocurrido a la pobre criatura crear algo tan terrible como el mal? Es más, si hubiese podido hacerlo, resultaría que la criatura sería tan poderosa como el creador

del bien. En ese orden de ideas, parecería más racional que la religión católica hablase de dos seres eternos, omnipotentes, como el mazdeísmo. Porque si hay uno solo, omnipotente y omnisciente, tiene que ser forzosamente perverso, ya que, aun admitiendo —lo que sería mucho admitir— el supuesto de la libertad, la elección, etc., él supo desde el principio lo que iba a pasar creando al ser que creó y, aun así, lo creó... También por este camino sigue siendo Dios el responsable del mal, de todas nuestras desgracias, de que el mundo sea el estercolero que es.

172.
Aunque el *Génesis* no se refiera a ellos, lo cierto es que los dinosaurios fueron los amos de la Tierra durante trescientos millones de años, mucho antes de que aparecieran nuestros antepasados. ¡Trescientos millones de años! ¡Unos bichos enormes y feísimos, que no podían rezar, ni quemar incienso, ni pecar, ni ser redimidos! ¡Qué senderos más largos y tortuosos transitó el Creador en los tiempos prebíblicos! ¿O ésa es otra historia?

173.
Si la Iglesia perdió a la clase intelectual en el siglo XVIII, a la clase obrera en el XIX y a la juventud en el XX, ¿qué le queda por perder en el siglo XXI? Pues, si no se anda con cuidado, le queda por perder a la mujer, y si pierde a la mujer, no sé yo lo que le va a quedar.

174.
Los detentadores de eso que llaman el Magisterio dicen que «la Iglesia piensa en siglos». Será por eso por lo que marcha siempre a la zaga de la historia. Y no resuelve ningún problema —el de los anticonceptivos, el de los

curas casados, el de las mujeres que quieren acceder al ministerio...— hasta que no ha hecho sufrir cruelmente a por lo menos un par de generaciones.

175.

Ningún político de nuestro tiempo ha añadido nada verdaderamente novedoso a lo expuesto por los grandes genios del pensamiento político y económico de la pasada centuria. De hecho, sin la menor vacilación, se puede asegurar que, en cualquier espacio cultural que se contemple, menos en uno, nuestra época es inferior a alguna o algunas de las que la han precedido. Hubo mejor pintura que ahora ya en la Edad Media; mejor arquitectura en Egipto y Mesopotamia; mejor música en la época de Bach... ¿Quién ha esbozado en nuestros tiempos un sistema filosófico comparable a los de Spinoza, Kant o tantos otros? En cuestiones de economía, sociología, política, estamos chupando rueda, como he dicho, a corpus ideológicos surgidos en el XIX, y, en general, la inteligencia progresista, hasta en teología, es heredera de la Ilustración. Hay un ámbito, sin embargo, en el que nuestra época supera a todas las anteriores: es el ámbito de las ciencias de la naturaleza. Por eso es de su seno de donde ha de partir una revolución en las ideas que ponga el pensamiento humano en sintonía con el nuevo universo que la física cuántica y la teoría de la relatividad han diseñado. Una revolución que conduzca al aprendizaje, por parte del hombre de la calle, de la vida en un mundo ya no providencialmente sostenido, y sin un epílogo eterno en el que se compensarían los sufrimientos de éste. Las artes, la novela, habrán de funcionar como los *repetidores* que lleven a la gente los mensajes de esta revolución. Si no, quedará injustificada su existencia.

176.

El próximo paso que tiene que dar la ciencia política —o un genio de la política— es el de inventar el sistema que ha de sustituir a la democracia parlamentaria, que no sólo no es *absolutamente* representativa, sino tampoco *relativamente;* porque es verdadera la rotunda afirmación que hizo Ibsen al final del tercer acto de *El enemigo del pueblo*: la mayoría *nunca* tiene razón.

En la revista *Heterodoxia*, Juan Francisco Lerena habló de *postpolítica,* y razonaba así: «Una actitud consumista, vitalista y existencialista —«nada puede salvar al hombre de sí mismo»— nos está hermanando a todos en un sentimiento de indefensión y realismo que va acompañado de la desmoralización, el escepticismo y el alejamiento creciente de las instituciones salvadoras y las ideologías dogmáticas. La adhesión a un partido puede persistir en la medida en que dicho partido mantenga ofertas o esperanzas de poder, que garantice protecciones y ventajas privilegiadas a sus seguidores. Agotada la fórmula del poder por el poder, lo que se impondrá será una creciente indiferencia. La nueva era de la información nos conduce a una civilización homogeneizada, masificada y despolitizada en un sentido diferenciador. En un aparente crecimiento del individualismo, se está formando un sentido profundo y trágico de solidaridad de toda una raza universal amenazada por los mismos peligros. Esta nueva civilización vislumbrada se perfila como postotalitarista, postcomunista, postcapitalista, postnacionalista, postderechista, post-izquierdista, postliberal y postsocialista. (...) Hace poco se podía absolutizar cualquier cosa, pero últimamente nos estamos viendo bastante apiñados en un espacio pequeño y se nos ponen en evidencia problemas fundamentales con creciente inmediatez, problemas humanos sin nacionalidad, color, ideología, religión; problemas apátridas que no respetan fronteras».

177.

Considerando el carácter acaparador y egoísta que caracteriza a la sociedad humana actual, cuesta trabajo anotar, en el haber de sus virtudes, el aparente desinterés que muestran cuantas actividades podemos incluir bajo el epígrafe amplio de la futurología. ¿O es que, al margen de la sociedad tecnocrática, y aun de los tecnócratas mismos, alienta una élite, no representativa de ella, que labora altruistamente sin preocuparse de si sus realizaciones y logros encuentran también una aplicación más inmediata, diversa de la que ella avizoraba? Lo cierto es que el hombre, que siempre se ha preocupado por resolver, mediante técnicas adecuadas, los problemas que la naturaleza planteaba a su subsistencia, nunca como hoy se ha preocupado por buscar soluciones que —podemos estar seguros— no será él, sino unos descendientes suyos, quizá muy lejanos, quienes aprovecharán. Tanto como los historiadores y filósofos de ayer indagaban en el pasado para explicar el presente, indagan los de hoy —y no sólo los historiadores y los filósofos, también los científicos, los escritores, los artistas— su propio presente, en un intento titánico de desentrañar cómo puede (y cómo debe) ser el futuro.

178.
¿Quiénes somos? ¿De dónde venimos? ¿A dónde vamos? ¿Qué es esto que nos rodea y cuál es nuestra relación con ello? Éstos han sido siempre los grandes interrogantes de la metafísica. Pero, en la actitud futurológica de la cultura actual, la pregunta por el «adónde vamos» no tiene sólo una dimensión metafísica, tiene también una dimensión física, pues alude a situaciones y problemas que para el hombre

del pasado ofrecían un horizonte tan limitado como el que podía marcar la rotación de las cosechas o la aparición y desaparición del Sol. Con lo que no quiero decir que en el afán del hombre actual por prever y, en lo posible, configurar un mundo futuro habitable inciden sólo intereses materiales. Por el contrario, el hombre de hoy —al menos, el hombre perteneciente a esa élite estudiosa y altruista de que hablaba en el punto anterior— sabe perfectamente que la habitabilidad de nuestro mundo no va a depender únicamente de la garantía de las subsistencias y las fuentes de energía, la existencia de espacio vital y la ausencia de contaminación, sino también del fortalecimiento de la dimensión espiritual, a la que la literatura y el arte, más que ninguna otra cosa, pueden contribuir.

179.
Por caminos de diverso pavimento y configuración, gente asimismo muy diversa ha llegado a pensar que había razones para preguntarse si el nuestro no será el tiempo final. Y no a través de fantasías milenaristas, sino de la observación de la realidad más evidente. Aquel terrible siglo XIV, en que la peste negra asoló el mundo conocido, desde el Extremo Oriente hasta Islandia, sirve a todos de referencia histórica. Significativamente, una historiadora norteamericana, Barbara W. Tuchman, tituló su libro sobre aquella remota época tenebrosa *Un espejo lejano.* Tiempo apocalíptico, en verdad, en que la humanidad, por ende, estaba indefensa, desprovista de los medios de lucha necesarios frente al implacable azote de la naturaleza. La nuestra, quizá menos tétrica en su apariencia, posee en cambio el triste privilegio de ser la primera en que la humanidad cuenta con medios para autodestruirse. ¿Cuántas poblaciones planetarias podrían aniquilar las armas acumuladas? Y, por si éstas quedasen bien guardadas, los atentados ecológicos no dejan

de amenazar, más lentamente, pero con igual eficacia, la permanencia de la vida sobre la Tierra. Junto a aquellas y estos, el cáncer y el sida no resultan tan terribles como la peste negra, pero se suman a la amenaza. ¿Hay, frente a todo esto, lugar para la esperanza? Creo que hay que responder que sí, aunque pensemos que no.

Entre tantos escritores que he encontrado mirando hacia aquel «espejo lejano», sólo Victoria Sendón ha sabido señalar el lugar de esa esperanza. Nos recuerda que, mientras la peste negra asolaba Europa, los campesinos descuartizaban a sus señores y los clérigos chamuscaban a las brujas, allá junto al Arno, en la fértil Toscana, Dante amanecía la olvidada serenidad clásica, la alegría pagana de vivir, la aventura de la ciencia, la pasión por el mundo, el viaje a los confines y los burgos llenos de bullicio. Y se pregunta: ¿estamos a punto de un nuevo Renacimiento?

180.

¿Cómo entender la trascendencia? Trascendencia, como acceso a la superconciencia. Entendimiento de la vida como algo más que el cuidado del cuerpo, la preocupación por la supervivencia, por el alimento, el vestido, la habitación. Descubrimiento en sí y en los otros de cualidades nuevas, que se reconocen como escondidas, latentes desde hace mucho tiempo. Descubrimiento de la belleza, por ejemplo, donde antes no se había visto. Superación del egoísmo, el egocentrismo y la egolatría. Superación cada vez mayor, también, de la animalidad. Descubrimiento del poder de la mente y del papel soteriológico del arte. Armonización de la vida con un reino trascendente de valores... Y un reducto de misterio, que no falte.

V

EL DESPLAZADO, EL PERIFÉRICO Y
EL HETERODOXO

181.

El pintor, el escritor que responde a las características y requerimientos hasta ahora enumerados de manera más o menos dispersa es, por definición, un desplazado en la sociedad occidental de este final de siglo y de milenio. Es un *outsider*, en el sentido en que lo definió Colin Wilson. Crítico por esencia, se siente incómodo en el mundo en general y en el llamado «mundo literario» en particular. Se sabe miembro de una élite cuyo mayor privilegio es acaparar más cantidad de sufrimiento que la mayoría e infinitamente más que los felices *establecidos*. Es, asimismo, inconformista y heterodoxo, como no podía ser menos, porque está por principio en vanguardia y, como dice Aranguren en su libro *Sobre imagen, identidad y heterodoxia,* ésta, la heterodoxia, constituye una de las características más notables de la vanguardia cultural de nuestro tiempo. Heterodoxia frente a todas las imposiciones dogmáticas, ya sean políticas, académico-culturales, morales o religiosas.

182.

Por la senda del sufrimiento, bordeando el abismo del hastío y a fuerza de ver ante sí, noche tras noche, el fantasma de la locura, con el que ha mantenido diálogos interminables, y tras comprobar que el espejo en que se mira no es el de Alicia ni el de Narciso, sino otro o una fusión de ambos, ha llegado a saberse, como Wilhelm Reich, parte integrante de «la normalidad de la cual se ha separado el resto de la raza humana». Es él, y no los otros, quien se adapta a todos los procesos naturales. Es él, y no ningún dios, el fundamento de cualquier posible religión.

Como artista, es de los que sufren —o gozan— de la obsesión de lo invisible, de que ya hemos hablado; místico, por tanto, pero no de ninguna mística sustitutiva, como las del nacionalismo o el dinero, sino de una mística profunda, susceptible de encarnarse en un sistema de símbolos.

183.
La de la búsqueda de la autenticidad es una de las corrientes mejor discernibles que corren por la gran literatura del siglo XX, esto es, la que se hace en la franja ecuatorial de la centuria. El verdadero novelista se sabe desplazado precisamente porque busca la verdad en un mundo *(tout court)* y en un «mundo de las letras» cuyos dirigentes no procuran, por medio del *doblepensar* (término feliz de Orwell), sino la ofuscación que conduzca, como meta suprema, a la suprema imbecilidad de los (no) lectores, que deje a salvo su disfrute del dinero y el poder.

184.
La revista *Heterodoxia, Trimestral de pensamiento Crítico y Extravagante,* se fundó, en 1988, para propiciar un espacio de libertad, promover un pensamiento de frontera, discernir una propuesta para el tercer milenio, establecer el paradigma de la era postcristiana. Por eso, en sus páginas, concebidas como palestra para la búsqueda, no de ningún dogmatismo, se puede defender una idea y su contraria, con tal de que lo sea con rigor. El lector interesado puede bucear con provecho en los editoriales y bastantes artículos de esta publicación.

185.
El nombre y los apellidos de la revista abarcan la gama más amplia posible de registros de la decencia intelectual. Fuera de esta gama, sólo puede haber disimulo, falsedad, *pose,* velas a Dios y al Diablo, mercantilismo, hedonismo y juego. Porque *heterodoxia* es libertad y tolerancia; *crítica* es

sinceridad y compromiso; *extravagancia* es independencia y originalidad... Y todo ello junto es patente de imaginación creadora y de humanismo.

186.

No se podría decir honradamente que *la protesta* no haya tenido sus detentadores en los últimos veinticinco años. Contra el Vietnam de turno. Contra las torturas y las represiones. Contra la proliferación de armas nucleares y convencionales. Contra los atentados ecológicos. Contra las discriminaciones por causa de la raza, del sexo o de la religión. Contra la aniquilación del pensamiento libre y disconforme. Contra el acrecentamiento de la miseria material de los pobres y la explotación de éstos por los ricos. Contra el espíritu de deshumanización que el aparato de la producción impone al hombre, transformándolo en una cosa. El heterodoxo está con todas estas protestas; pero, a la vez, demandando que la vida debe regir sobre las cosas y el hombre sobre las máquinas y la burocracia; que toda medida social que se tome tenga una finalidad: el desarrollo del ser humano con todas sus potencialidades y la afirmación de la vida en todas sus formas, en contra tanto de la muerte como de la mecanización y la enajenación, proponiendo lo que nadie sabe ni quiere proponer: la aventura de nadar sin guardar la ropa, arriesgando la vida; lo que, en el terreno de la cultura, equivale a verse reducido al ostracismo.

187.

En el momento actual de la historia se impone, ciertamente, un pensamiento *crítico,* pero desde fuera del sistema, no desde dentro y como coartada para el mismo. Y quien exprese un tal pensamiento tiene que ser obligadamente heterodoxo en el sentido más profundo, esto es, como ha escrito en la revista Raimundo Panikkar, expresión de aquella *doxa* que no se deja expresar exhaustivamente por ninguna formulación, que es simple *heteros,* otra, y extravagante, porque toda otra crítica ha sido ya formulada, se ha demostrado inoperante y ha quedado obsoleta. Únicamente por cauces situados fuera del común modo de decir y de obrar puede alcanzarse la verdadera Utopía de la verdadera libertad.

188.
El debate especulativo se sigue jugando en el «ring» ideológico de socialismo *versus* capitalismo, con la consiguiente frivolización del tema, porque, como dice Victoria Sendón, es algo mucho más profundo lo que se está resquebrajando. ¿Más profundo? ¿Existe algo más allá de las estructuras político-económicas que rigen el mundo? Sí; más allá, más acá, más hondo y más antiguo: las religiones. Por eso, entendemos que una de las tareas intelectuales más acuciantes que se plantean en estos momentos es la de tratar de vislumbrar qué tipo de religión va a funcionar en el futuro o qué es lo que, en el futuro, va a sustituir a la religión. Es decir, hallar una respuesta para esta pregunta: ¿paraíso celestial o Utopía terrena? Porque el hombre seguirá necesitando, en la tierra que pise, un manantial del que le llegue una normativa ética y una escala de valores y, en el horizonte., un diseño utópico que dé sentido a su combate.

189.
El heterodoxo (crítico y extravagante, es decir, que lo es de una manera total, no sólo frente a una religión, sino frente a todas las imposiciones dogmáticas, ya sean políticas, académico-culturales, morales o religiosas) tiende a ocupar

el lugar que en los años cincuenta ocupaba el *outsider*. Éste fue un antecedente del Mayo del 68; el heterodoxo, un consiguiente. Ambos encarnan una actitud y, por lo tanto, una filosofía del inconformismo. Pero, así como la del *outsider* es más existencial, la del heterodoxo es más intelectual. El uno pretendía extraer, de la modificación de la conducta en la sociedad, una concepción del mundo; el otro parte de una forma de pensar para llegar a una forma de sentir y de vivir. Como el *outsider*, el heterodoxo es un desplazado, un marginado; pero nadie lo podría adivinar por ningún signo externo, por su forma de vestir, de peinarse o de vivir. Es un exiliado interior. Su marginación es espiritual. Aunque esté incardinado en la sociedad, no comulga con ella en casi nada. Podría decirse que, más que al margen de la sociedad, está en su periferia; en la periferia, sobre todo, de la ideología, si así merece llamarse, económico-política que hoy se está apoderando, por una vía pragmática, hedonista y materialista, del mundo todo.

190.

La periferia, es decir, lo que no es ni la derecha, ni la izquierda, ni el centro, porque está fuera del mecanismo del sistema, existe; existe como oposición a todos los gobiernos y sistemas posibles e imaginables. La periferia es la oposición por antonomasia, constituida por todos los voluntariamente marginados de cualquier tipo de formación que implique —y, en el terreno político, todas lo implican— comulgar con ruedas de molino, decir «amén» por razones coyunturales de táctica o estrategia; por los defensores de la verdad cueste lo que cueste; por los capaces de dar al César lo que es del César y a Dios lo que es de Dios y quedarse ellos sin nada; por los sordos a los cantos de sirena: los lobos esteparios, que diría Hermann Hesse, dispuestos a luchar hasta sucumbir por ser ellos mismos en una dimensión, con una profundidad excepcional en este tiempo nuestro de circo subterráneo, en este pedazo de historia que están configurando los sapos histéricos e ignorantes.

191.
El militante periférico no se mueve sólo en una dimensión histórica, sino también intrahistórica, lo cual no quiere decir que sea apolítico ni, mucho menos, insolidario. Si está por ser él mismo y por la verdad, es que está por el hombre; por tanto, no puede ignorar, ni quiere, lo que ocurre en la *polis*. Más aún: si de él se puede decir que está por el hombre, es que está por quienes tienen necesidad de que estén por ellos: los pobres, los oprimidos, los marginados, que son, en cierto modo, como especies de periféricos sin saberlo. Y digo «en cierto modo» y «especies de», porque el auténtico militante periférico lo es conscientemente; visceral, racional y sentimentalmente. No puede ser otra cosa.

192.
Es doloroso el parto que el periférico tiene diariamente de sí mismo; es dolorosa y árida su obstinada soledad. Mas la satisfacción que de vez en cuando le produce su pureza y su desinterés puede llegar a ser casi nirvánica. El periférico tiene derecho a tirar la primera piedra, lo cual no deja de constituir un supremo privilegio.

193.
La actitud del periférico ante la política es tan volcada hacia afuera, hacia quien no es él mismo, como masturbatoria es la del político profesional, el artista cómplice, el mercader o los críticos del coro. Es una actitud plenamente desinteresada y constantemente alerta. La sencillez, la

sobriedad, la sinceridad son las virtudes que más admira y practica y, en su opinión, un político, para no merecer ser descalificado, debería ser un simple técnico de las tareas de gobierno, no un inquilino permanente de los noticiarios, los telediarios y las revistas semanales; un técnico, además, con sueldo por debajo del mínimo, pero con más vacaciones que nadie.

194.
El periférico no hace proselitismo —mucho menos, a base de prometer paraísos utópicos o antiutópicas prebendas, que por lo general no amanecen más que para sus anunciantes—, pero gusta de relacionarse con sus congéneres, ante quienes su innato espíritu de contradicción queda inoperante. Ningún heterodoxo —y el periférico lo es— discutirá jamás con otro heterodoxo, ni aun en el caso extremo de que no estén de acuerdo más que en la heterodoxia. En tal caso, menos todavía, porque ése es el punto exacto del indisoluble encuentro.

195.
El periférico cree en la Utopía realizable y en el ejercicio de su búsqueda; en la libertad que no admite el despiporre, en la fraternidad que no acepta el cachondeo y en la igualdad que no significa medir por el mismo rasero el mérito y la estulticia. O sea, que es demócrata, porque, entre democracia y dictadura, elige aquélla como mal menor, no porque la crea perfecta. Su ideal, que lo tiene, es la dictadura del genio o de los genios, caso de triunvirato (el filósofo, el sociólogo, el economista), o de consejo de ancianos—: ese gobernante —o terceto o grupo de gobernantes— que haría las cosas con inadvertida eficacia, dejándonos en plena libertad para autorrealizarnos y ayudar a los demás a autorrealizarse, en

pleno espíritu de mutua comprensión y tolerancia. Pero esto es algo que se ha revelado biológicamente imposible en todas las galaxias hasta ahora exploradas.

196.

Gente de mirada superficial puede confundir al periférico con un anarquista, pero de él se diferencia por su tolerancia, su repudio de la violencia y su admisión de la existencia de una parte de la realidad que es invisible y está regida por arcanos que nos afectan, aunque no los comprendamos, susceptible de ser interpretada y aun, en parte, descrita por medio de esas parábolas que la historiografía de la cultura denomina «obras de arte», «poemas» o «novelas», mas no por medio de mitos dogmáticos o dogmas mitológicos. En el fondo, el periférico, que es un crítico infatigable, piensa como un ácrata pacífico, pero esto ni siquiera se le nota cuando no le hostigan con estupideces explosivas.

197.

El heterodoxo, el periférico, como el *flaneur* de Walter Benjamin, pasea lentamente, observando con cuidado lo que le rodea; entre esto, las huellas del pasado. Es lo contrario del desarraigado nuevo nómada que veía Oswald Spengler en la mayoría de los hombres de la época. Esa actitud *ante y* ese posicionamiento *en* la realidad le convierten en privilegiado testigo del surgimiento de una época nueva, capaz de interiorizar lo que el común de los mortales no advierte o, si lo advierte, desprecia. Como dice Manuel Fraijo, este paseante quedo e inquisitivo, «perdido en el bullicio de los que van a la caza de la mercancía, percibe lo que el gran público ignora: las huellas, los vestigios de un cambio profundo (...). [Pero] es una figura escindida. Por una parte, sabe que él también pertenece a la multitud; por otra, aspira a distanciarse de ella (...). Es hijo de la modernidad. Vive en el confuso escenario de objetos y mercancías que ésta ha generado. Pero, al mismo tiempo, se esfuerza por salvar la experiencia que accede directamente al mundo».

198.
Técnica y naturaleza, o técnica frente a naturaleza, he aquí uno de los dilemas más importantes que tiene que resolver, para el hombre de su tiempo, el heterodoxo; resolverlo hasta el punto de poderlo presentar como no-dilema, pues se trata, por una parte, de no renunciar a los logros de la primera y, por otra, de no perder nunca de vista lo que constituye el hábitat propio del ser humano.

«Millones de habitantes de las grandes ciudades, se quejaba Hans Freyer, en su *Teoría de la época actual,* no ponen durante semanas un pie sobre la tierra real, sino sobre puro asfalto, linóleo, piedra artificial y vidrio templado». Y Hans Sedlmayr, en *El arte en la era técnica:* «Millones de técnicos y trabajadores no tienen contacto durante su vida, sino con formas inorgánicas; no encuentran ninguna criatura, sino sólo creaciones de la razón técnico-orgánica; no es, por tanto, extraño que estos hombres no tengan ninguna relación con la Naturaleza».

A una situación así sólo se llega por el abuso o el mal uso de la técnica, nunca por su uso racional. Por cada descubrimiento que ha hecho, el hombre ha alargado, agrandado, aumentado, el tamaño de sus miembros, el alcance de sus sentidos, su capacidad de acción. Parece evidente que, como decía Henri Bergson, el cuerpo humano agrandado por la técnica necesita un suplemento de alma. El alma «anterior» se le queda pequeña al hombre de las herramientas, las máquinas, los telescopios, las naves espaciales... Ha de buscar más, y donde mejor puede encontrarla es en el pasado y sus logros espirituales, en el ejemplo de otros hombres con menos medios; en la naturaleza, donde alienta el alma del mundo, y en el interior de sí mismo: en la meditación sobre esto, sobre aquello y sobre todo cuanto pueda acercarle enriquecedoramente a lo que no es él mismo.

199.
Son ciertos, evidentemente, los peligros del materialismo, de la racionalización y la despoetización del mundo que impone la tecnocracia; pero de ello no puede deducirse que la técnica sea mala en sí, como pretenden algunos. Al fin y al cabo, «no ha habido ni hay ningún otro medio material para elevar al hombre por encima de la esfera animal que no sea la técnica como conjunto. Ella ha dotado a la humanidad del medio ambiente que le resulta adecuado, ella lo ha protegido en las luchas que hubo de sostener en tiempos pasados contra enemigos superiores y tremendos peligros, y gracias a ella existimos» (Dessauer), y si se puede hablar del carácter demoníaco de la técnica, sólo es en relación con el desorden del corazón humano, que conduce al abuso de ella.

200.
Esos peligros de materialismo y despoetización que amenazan al hombre contemporáneo son productos, por otra parte, no de la técnica en sí, sino, como ha señalado Nicolas Berdiaev, de la diferencia existente entre debilidad espiritual y poderío técnico. Para contrarrestar el materialismo (y su secuela, el hedonismo), bienvenida sea una interiorización, como la que veíamos que reclama Philipp Lersch, una poetización del mundo, pero sin que ello suponga una renuncia a los logros de la técnica. Una de

las acciones adecuadas para esa necesaria poetización del mundo es la de arrancar a la naturaleza de su condición de obligada antagonista, a la que hay que vencer con el esfuerzo, y considerarla como algo digno de ser contemplado y meditado; y algunos de los vehículos más idóneos para emprender dicha acción son las diversas artes: la poesía, la pintura, la novela...

201.

La *beat generation* y otros movimientos contraculturales se volvieron, como hacia un nuevo manantial donde nutrirse del alimento espiritual que no encontraban en su entorno, hacia el pensamiento del Oriente, y eso ha quedado como un logro de toda la contestación cultural, de todos los movimientos pacifistas, ecologistas, de reivindicaciones sexuales, etc. El heterodoxo crítico y extravagante, sin renunciar a nada de cuanto el Oriente tiene que ofrecernos, reivindica sus raíces, reivindica la filosofía griega y el derecho romano, los logros científicos, filosóficos, artísticos y literarios de Europa; reivindica a Occidente; porque el heterodoxo crítico y extravagante, aunque utópico respecto a las metas que se propone alcanzar, no es un iluminado, ni, mucho menos, un iluso. Asienta los pies en la tierra, en la tierra que existe ahora y aquí, con todos los arreglos y desarreglos provocados en ella en el curso de una larga historia, y, sobre esa realidad, única pero no inmutable, sabe bien que, como escribió Jacques Ellul, el fin de Occidente sería el fin de todas las civilizaciones posibles.

202.

Es necesario recordar, con el autor mencionado *(Traición a Occidente),* que Occidente ha aportado al mundo cierto número de valores, movimientos, orientaciones, que fue el único en adelantar. Recordar que «todo el mundo vive en la actualidad, y yo diría que casi exclusivamente, de esos valores, de esas ideas, de esos impulsos. No existe nada original en *lo nuevo* que se crea en China, en América Latina o en África: todo ello es el fruto, la consecuencia directa, de lo que llevó allí Occidente». Lo novedoso de Occidente fue «poner en movimiento el mundo en todos los terrenos, en todos los planos: la coherencia de todos los fenómenos, las ideas, los ejércitos, el Estado, la filosofía, la técnica y la organización social, todo fue lanzado a la vez en la mutación general que provocó. No voy a juzgar si fue bueno o malo, solamente constato que cualquier iniciativa deriva de Occidente, que cualquier comienzo de algo fue propuesto por Occidente; constato que los pueblos se mantienen en una relativa ignorancia, en un hierático reposo, hasta echarse a andar provocados por su encuentro con Europa». Occidente inventó la libertad y el individuo y esto es lo que puso en movimiento, a continuación, todo lo demás.

203.
El esnobismo, por una parte, y, por otra, el complejo de culpabilidad que se ha apoderado de la vieja Europa en este final de milenio, hace necesario, primero, pedir piedad para Occidente y, después, hacer ver a los occidentales la calidad de sus valores y de sus logros. Léanse las cuatro primeras páginas de *La ética protestante y el espíritu del capitalismo,* de Max Weber, y se hallará un elenco de ellos, de los que, como de los preceptos del decálogo, podríamos decir que se cierran en dos: la ciencia como conocimiento sistemático de la realidad y como paso hacia la técnica, y la teoría política, que, a través de las instituciones de la ciudad y del Estado, condujo a la democracia, a la igualdad de los ciudadanos

ante la ley. Ambas cosas las han aceptado todos los pueblos de la tierra, no habiéndose dado el caso, en ningún momento de la historia, de que lo mismo haya sucedido con algo surgido del Oriente. Muchas veces se dice que ha sido la tecnología occidental la que ha permitido la fabricación de armas de exterminio masivo. De acuerdo, pero, como ha escrito José Montserrat Torrents, aun así la tecnología sirve para eliminar el dolor de los niños. El caso es, por otra parte, que nadie la ha rechazado, sino que todo el mundo se sirve de ella para aumentar la calidad de su vida.

204.
Pienso que debe de resultar verdaderamente cómodo —y pintoresco, falsamente extravagante— ensalzar el orientalismo instalado en Occidente. Como lo era ensalzar desde aquí el «paraíso soviético». Pero, de verdad de verdad, ¿quién cambiaría la situación de la persona en Occidente por su situación en Oriente? ¿Qué mujer, sobre todo? Ha sido el pensamiento occidental el que permitió el *aggiornamento* paulatino de la religión dominante, su adecuación —lenta y traumática, por supuesto, más en el pasado que recientemente— a los avances de la sociedad laica. El que posibilitó la tan saludable separación de religión y política. El que ha llegado a poner las cosas en su sitio, porque oportunamente alumbró —lo que no parece vaya a ocurrir jamás en Oriente— una Ilustración, unas Luces.

205.
Ya se contemple en su versión pesimista (todos los males y la esperanza), ya en su versión optimista (la esperanza y todos los bienes), ¿quién podría sistematizar el contenido del arca de Pandora? Por otra parte, ¿para qué, siquiera, intentarlo, si, en la obra de arte, bien y mal desaparecen?

206.

Lo que se inició con el existencialismo, cuando el siglo era todavía joven, pero ya mayor de edad; lo que redobló sus tambores de guerra en Mayo del 68; eso que todavía ilumina la frente de los «no alineados», es la llama que puede encender la antorcha en *el puente de los siglos.* Quienes la mantienen, la han mantenido, encendida son quienes están en la línea de superación de la cultura de Occidente. Son los preocupados por lo visible y obsesionados por lo invisible, los estetas humanistas, únicos que cuentan en el crecimiento de las artes, producido entre el fragor de los vientos dionisíacos que hacen desbordar los vasos apolíneos, que no por eso estallan. Puede haber genios apolíneos, sólo apolíneos, sí, pero éstos no escapan de sus límites. Y se quedan al margen del desarrollo estético, tras haber cumplido su etapa; de ese desarrollo que nos lleva a las puertas del misterio, donde los dionisíacos luchan con el can Cerbero. Los apolíneos, así como los dionisíacos derrotados en la pelea, son los artistas *personales.* Los dionisíacos que vencen son los artistas *singulares:* quienes logran no sólo llegar a la orilla del Aqueronte, sino también sobornar al barquero. Por lo que respecta al desarrollo ético, ni los apolíneos ni los dionisíacos quedan al margen. Unos y otros pertenecen a la casta de los héroes.

Apéndice

AFORISMOS

Sitúo aquí una serie de aforismos que no aparecieron en la primera edición –impresa— de este libro, muchos de los cuales se refieren a los mismos temas que toco en éste. Los tenía escritos en irregulares trozos de papel y repartidos por varias carpetas. Algunos, muchos, pueden ser de allá por la década de los sesenta. No están transcritos en ningún orden.

El mayor pecado que puede cometer una persona que se dedique a las tareas del espíritu es no saber ver la inteligencia allí donde resplandece.

Escribo desde el convencimiento de que sólo hay dos tipos de profesiones que merecen la pena: aquéllas en que se juega uno la vida y aquéllas en que se juega uno la razón.

En la novela, como en la pintura, sólo se salva aquel tipo de obra que, con término pedido prestado a la física, en su papel de cosmología, podríamos llamar una singularidad.

En este momento y lugar de la historia del arte y de la literatura —de las artes—, momento del tránsito a otro siglo y milenio, en que la cadencia se ha vuelto monotonía; la manifestación, espectáculo; el estilo, imitación o desconcierto; la personalidad, histrionismo; el compromiso, juego; el mensaje, propaganda; el valor, precio; y la inspiración, vacío, el destino del novelista *outsider* es el de convertirse en una *singularidad*.

El realismo, para que sea estético, tiene que derivar de la operación de salir de la realidad para volver a ella desde fuera.

Cuando no se puede ser absolutamente original, hay que procurar ser absolutamente sencillo.

Cuanto más sencillamente digas la verdad, menos te creen.

A un artista hay que valorarlo por sus cimas, no por sus simas.

Por debajo de todo el contenido de ideas expuesto por el verdadero novelista en el conjunto de su obra, subyace una concepción del mundo. Por debajo de su forma de expresión, subyace una teoría del conocimiento.

Es para advertirlo y llegar a conclusiones: las dos grandes épocas de la poesía española, el siglo de oro y el siglo XX, son formalistas.

Los esteticismos son los grandes sacrificados de la historia del arte. Hacen crecer los géneros a costa de quedar obsoletos en un decenio.

Las obras de arte tienen sus propias leyes, su propia justicia, su verdad particular; su armonía, su lógica interna, su estructura que les pertenece y no puede pertenecer a ninguna otra obra. Estructura no visible, sino invisible, y aparente tan sólo, a fin de cuentas, hasta en sus rasgos más característicos. Como la eclíptica, que no es la órbita del sol y, sin embargo, como tal se dibuja sobre las estrellas. Invisible, incatalogable, engañosa inclusive para su propio artífice. Y es que las obras de arte, como las obras de amor, se diferencian de los demás objetos en que, al tiempo de estar siendo materialmente creadas, está teniendo lugar el nacimiento de su arquetipo en el mundo de las ideas. Arquetipo sólo existente en potencia en la realidad trasmundana. Reflejo de un reflejo es la obra de arte, como la obra de amor. Y artista, o amante, en cada caso, quien acierta, al hacer su obra, con la única e irrepetible ordenación. (*Polución*)

El arte se compone de muchas cosas, menos de mimesis, virtuosismo y verdad.

El arte se hace con todo menos con certeza y con presente: lo que fue, lo que pudo ser, los sueños, los deseos...

No hay nada más lejano que el último punto que podemos alcanzar.

Un auténtico escritor se distingue menos por sus conocimientos de la gramática y la lingüística, que por su expresividad y su sentido de la armonía, es decir, por su capacidad de captar lo que está bien desde el punto de vista de la estética literaria. Fundamentalmente, la composición y el extrañamiento.

Toda frase tiene un texto, un pretexto, un contexto, unas connotaciones y diversos niveles de lectura. Pues bien, todos ellos pueden resultar más útiles estéticamente que el literal.

Cuando la realidad no es como yo la necesito, la invento. Y termina convirtiéndose en la verdadera realidad.

Si se trata de fondo y de forma, hay que saber que, a efectos de valores estéticos, la forma de una novela, la que engendra sus valores estéticos, no reside en el lenguaje, sino en la composición, la forma de presentación de la realidad, el perspectivismo y el contraste, el manejo de alusiones y elusiones, la estructura, el extrañamiento, el punto de vista, el monólogo interior, la literariedad...

En arte, todo está permitido, menos hacer lo que ya se ha hecho.

El verdadero escritor se reconoce porque dice cosas que no han dicho otros. O dice las cosas que han dicho otros de manera diferente.

Los valores de algunas novelas de Gabriel Miró son poéticos, no novelísticos. (Extravié un ensayo casi terminado en el que demostraba que los de *Las cerezas del cementerio* sí eran novelísticos).

Los más altos valores suscitados por Dalí son más literarios que plásticos.

¿Por qué se habla de «la Literatura y el Arte»? La Literatura es una de las cinco bellas artes.

Una literatura que necesita de la crítica para desarrollarse plenamente en la sociedad es una literatura en crisis. (Dedicado retroactivamente al que fue mi gran amigo, el escritor rumano Vintila Horia, que me aplaudió cuando solté esto en una reunión).

Pienso que la novela es el arte del futuro. Lo cual no quiere decir que piense que, en el futuro, la novela será el arte del presente. (Lo anoté en los sesenta, cuando hervía la gran novela del siglo XX).

El público lector de novela en general no entiende propiamente nada de la novela como obra de arte literario. Por eso, lo que le importa es el argumento. Ni siquiera la trama.

Los escritores españoles creen que el resultado natural de una reflexión no es sacar conclusiones, sino decir una gracia.

En España, la mediocridad es una garantía de supervivencia.

En España, tener ideas propias se paga con reclusión perpetua.

En *La Fiera Literaria*, si, para decir la verdad, hay que mentir, se miente.

Mi acierto no ha sido idear *La Fiera Literaria*. Mi acierto ha sido hacerla.

No cabe peor destino para un personaje de novela que ser nombrado portavoz de Antonio Gala.

La prisa le quita poesía a la vida.

En este mundo, lo que no es falso es que sólo está en los libros.

La humanidad se está volviendo imbécil por falta de imaginación.

Donde se pongan las pretensiones de un imbécil, quitad todo lo demás. Siempre faltará sitio.

En la época actual, nada es lo que aparenta ser.

Que los bufones estén pasando por héroes constituye una prueba de la inversión de valores que está sufriendo una sociedad, que todo, hasta la muerte por asesinato, lo convierte en espectáculo.

El máximo humor consiste en solemnizar lo que, sin esa operación, sería trivial.

En los productos culturales hay que saber distinguir entre los que gustan y los que, aunque no gusten, interesan. No se puede ir por el mundo de la cultura blandiendo sólo las gafas de las propias preferencias.

No merece la pena ninguna actividad cultural que excluya por principio la confrontación con la excelencia.

Para entender el cine no se debe dejar de apreciar la parte de magia que contiene y que está en la obra y fuera de la obra. La bofetada de *Gilda* no es sólo una bofetada, digamos, argumental: es también la bofetada de un Glenn Ford emergente a una Rita Haythworth en la plenitud de su esplendor. De la primera palabra de Greta Garbo en su primera película sonora, se puede decir algo parecido.

Nadie puede ver ya el cine como lo vimos los del tiempo del Star System. Años cuarenta y cincuenta del siglo XX. Aquél era cine más magia.

En los cincuenta, la película de las siete de la tarde era tan obligatoria como la misa de doce. En una y otra nos encontrábamos todos.

Los políticos casi siempre dicen lo que tienen que decir, pero nunca hacen lo que tienen que hacer.

La oratoria política es el arte de criticar en el otro lo que uno ya ha hecho o está dispuesto a hacer en cuanto le convenga hacerlo.

El gran genio futuro de la ciencia política será aquel que perfeccione la democracia o invente lo que la sustituya. Como decía Ibsen, en *El enemigo del pueblo*, la mayoría nunca lleva razón.

Se han dictado muchas sentencias contra el nacionalismo, la ideología que, junto con las religiones (en el fondo, es una religión), más sangre ha hecho derramar en este mundo. Mi objeción al nacionalismo es que obliga a marchar junto a determinadas personas, no porque se compartan con ellas las mismas inquietudes espirituales, sino porque han nacido en el mismo lugar. Yo prefiero ir del brazo de un novelista chino que de un tonto andaluz.

He oído expresar a mucha gente su contento por que España permaneciera neutral en las dos guerras mundiales. Yo, esto, lo leo de otra manera: en dos ocasiones en que Europa se ha jugado su destino, España no ha tenido nada que decir.

Debemos comportarnos como si de nuestro comportamiento dependiera el bienestar de todo el mundo o la solución de los problemas con que nos enfrentamos todos.

Para mí, la discusión sobre la existencia o inexistencia de Dios no tiene ningún sentido. El ser humano, en la categoría de *homo sapiens*, lleva 30.000 años sobre un planeta que se formó hace quinientos mil millones. En todo ese tiempo, ningún Dios se ha manifestado, nadie ha visto a ningún Dios, nadie ha demostrado su existencia. Entonces ¿qué es lo que se discute?

Según el estado actual de los conocimientos, lo más probable es que no haya ningún otro planeta habitado en la inmensidad del Universo. Para que surgiera la vida en este arrugado trozo de roca y de metal que llamamos Tierra, situado en un arrabal de la Vía Láctea, tuvo que darse una cantidad casi infinita de casualidades que, según los físicos, es prácticamente imposible que se repitan. Por ende, la vida en la Tierra estuvo tres o cuatro veces a punto de extinguirse. Ésta es la verdad. Una verdad que es totalmente incompatible con la creación del hombre por un Ser superior, como, a través de mitos y leyendas, pregonan las religiones.

El universo y la vida fueron «explicados» primero por la magia. Después, por las religiones. Ahora lo explica la ciencia, que es la única a la que debemos atender.

La mayoría de la gente, compuesta por seres no pensantes, acepta el hecho religioso por razones culturales. Un grupo no pequeño, que sí podría pensar, lo acepta, pero importándole menos el hecho religioso en sí, que el hecho de que le facilite un metafísica, una concepción del mundo y una moral.

Por causa sin duda de la estricta educación religiosa que recibí en mi niñez (monjas de Cristo Rey, salesianos, maristas), ni después de haber llegado a ser un ateo absolutamente convencido, he podido sustraerme a la sensación de estar siendo permanentemente vigilado.

La Iglesia perdió a la clase intelectual en el siglo XVIII, a la clase obrera en el XIX y a la juventud en el XX. En el XXI perderá a la mujer.

La tarea intelectual más importante que se plantea en estos momentos es la de tratar de vislumbrar qué tipo de religión va a funcionar en el futuro, o ver qué es lo que, en el futuro, va a sustituir a la religión.

Ninguna grande y armónica concepción del espíritu humano —por ejemplo, la astrología o la teoría platónica de las ideas— puede ser completamente falsa.

Hay más palabras cristianas en el discurso de la derecha, pero hay más valores cristianos en los actos de la izquierda.

De dónde ha surgido el mundo es un misterio. Pero este misterio no se resuelve poniéndole delante un misterio mayor.

Hasta en la mejor de las definiciones, Dios no es más que una petición de principio.

Si existiera Dios, ¿qué razón podría tener para no manifestarse?

Si hubiera un Dios, este mundo sería una estafa, por la que deberíamos juzgarle y condenarle.

Caso de que existiera Dios, lo que más dificultaría su comprensión serían las religiones.

No se puede hablar de Dios seriamente, si no se distingue el Dios personal del Dios de los filósofos.

Ni se puede hablar seriamente del Dios cristiano si no se distingue el Jesús histórico del Cristo de la fe.

Soy un apasionado del espíritu de la Navidad, por causa de las que viví en mi niñez y adolescencia. Y, aunque soy ateo, la celebro. Se trata de una tradición muy arraigada en Occidente, que evoca preciosas leyendas sobre un dios bajado a la Tierra a morir por amor.

En el fondo, la incertidumbre es nuestra única esperanza. (El pacto del Sinaí)

El hombre lleva treinta mil años sobre la tierra. En cuanto empezó a asombrarse ante fenómenos cuyo origen desconocía, chamanes y sacerdotes empezaron a atribuirlos a los dioses. Pero el caso es que nadie, en ese tiempo, ha visto a ningún dios, ningún dios se ha manifestado, nadie ha demostrado su existencia. Nietzsche decía que fe significa no querer saber la verdad.

El siglo XXII será ateo o no será.

Algún día, descendientes nuestros se asombrarán de la cantidad de tinta (y de sangre) que se ha derramado por causa de un ser que nadie ha visto, que nunca se ha manifestado, cuya existencia nadie ha demostrado.

Muchas cosas cambiarían en las creencias actuales, si se descubriese un planeta habitado o se clonase a un ser humano.

Para construir al menos la mitad de una teoría, primero se dispara la flecha y después se pone el blanco.

Las religiones lo que intentan es darle un sentido a la vida, que, puesto que inexorablemente acaba en la muerte, no puede tenerlo.

El matrimonio es el verdugo del Amor. El verdadero Amor sólo se da entre novios y entre amantes.

En el sexo, todo es bello y permisible, siempre y cuando no se convierta en espectáculo.

El amor siempre se encarna en la mujer más bella.

Uno de los mayores dramas que viene viviendo, que vive, la humanidad radica en el hecho de que la mayoría de las mujeres se casa con un hombre menos inteligente que ellas, y ellas, en lugar de rebelarse, se amoldan y dejan de crecer.

Desde que empecé a tratarlas a mis 0 años, comprendí que la mujer es la cumbre del Universo, por encima del cielo estrellado, las flores, el vuelo, la música y los reflejos en el agua.

La Historia ha conocido varias revoluciones que han hecho traspasar a la humanidad lo que Gehelen llamó «un nivel absoluto de cultura». La primera fue la que propició el paso del paleolítico de los cazadores al neolítico de los agricultores... Que yo recuerde, otras revoluciones/ transformaciones decisivas han sido la Revolución Francesa de 1789 y la Rusa de 1917. Quizá también la Revolución Industrial y el paso de ésta a la Era Atómica. Puede que, antes de finales de este siglo, tenga lugar la que será la más decisiva de todas: la Revolución Femenina. El mundo, en manos de las mujeres, dará una vuelta de campana y empezará a ser mejor.

Siempre se ha dicho: «detrás de cada gran hombre hay una gran mujer»: pero yo digo: «detrás de cada gran mujer hay siempre un hombre que procura no estorbarla».

La donjuanidad es una condición inevitable para determinados hombres que la poseen (la padecen). Pero el donjuanismo sólo lo pueden ejercer los donjuanes si las mujeres se lo permiten.

La circunstancia más dramática en que se manifiesta nuestra falta de libertad es la de no poder amar a quien se quiere cuando se quiere.

Hay días en que parece que uno marcha por un lado y el mundo, por otro.

Cuando, en un grupo, es uno solo el que hace todo lo que hay que hacer, lo menos que le pueden conceder los demás es que lo haga como le dé la gana.

Hay muchas ocasiones en que uno se puede equivocar impunemente. Pero hay otras en las que sólo le está permitido acertar.

Algo es mejor que nada.

No hay más que meter una mentira entre unas cuantas verdades, para que la mentira parezca también verdad.

Hay injusticias tan grandes que sólo pueden ser compensadas con otra injusticia.

Tenemos que seguir cavando allí donde nunca hemos encontrado nada, porque allí está lo que buscamos.

Para saber que el fuego quema, hay que haberse arrojado alguna vez a las llamas.

Es preciso decir muchas cosas para estar seguro de no haber dicho nada.

Cada vez que veo una competición de atletismo, tengo un pensamiento para la madre del que llega el último.

Lo dolorosamente trágico no es tener que elegir entre el bien y el mal, sino entre un bien y otro bien.

Si nos pusiéramos a pensar en la relatividad de los juicios históricos, nos daríamos cuenta de que el mundo está configurado para ser injusto.

La victoria es de quien gana la batalla de la posteridad.

La sala de espera de un médico es el lugar donde los pacientes se convierten en impacientes.

Ser padre es como ir por la vida en moto. Uno es la carrocería.

Quien lee con criterio se hace una licenciatura en su casa.

Siempre me he considerado sevillano de la capital, serrano de Huelva y marinero de la bahía de Cádiz.

Escribo para compensar en alguna medida lo que no puedo vivir, o no sé vivir o no me dejan vivir.

Cuanto más escritor de novelas iba siendo, en menos lector de novelas me iba convirtiendo.

Sólo escriben sus memorias los que quieren falsear su biografía.

Me he pasado la vida asomado al futuro. Compruebo ahora que no para adivinarlo, sino para destruirlo.

Hay dos frases cuyo significado es como una puñalada que mata todo lo bello que tenga uno en la memoria: «Para siempre» y «Nunca más».

…Y todo para, al final, volver achicados allí de donde salimos y comprobar que «la mujer de mi vida ha sido mi madre».

Y, al horizonte, hieráticas y frías, perfilaban las reses sus propias esculturas, modeladas en los sueños del bestiario. (Ojalá toda mi prosa hubiese tenido la altura de esta frase de mi novela *Fedra*.)

Siente, princesa, siente. Deja dormir el pensamiento. (*Fedra*).

Algunas veces cargo mi pistola con balas de cañón.

Para un creyente, morirse significa desaparecer de la faz de la Tierra; para un ateo, desaparecer del Universo.

La vida es la mayor trampa que se podía tender a unos seres indefensos.

¡Si se pudiera cerrar, de vez en cuando, el pensamiento como se cierran los ojos!

Hay situaciones por las que no nos gustaría pasar, pero por las que sí nos gustaría haber pasado.

Uno de los secretos de la eterna juventud está en conservar la capacidad de hacer y decir las mismas tonterías que se dijeron de joven.

Nadie puede ser testigo más que de su propio testimonio.

A veces pienso que mis virtudes como escritor se las debo a mis defectos como hombre.

La vejez, más todavía que dolorosa, es humillante.

La lógica del universo conduce a la inmortalidad del hombre.

A veces le dicen a uno cosas terribles. Pero todavía es más terrible que no le digan nada.

La vida nos hace pasar por trances en que o nos suicidamos o decidimos seguir para adelante.

Yo he llegado irremisiblemente tarde a todas las citas, todos los encuentros, todas las encrucijadas, todos los festines, todos los repartos...

NOTAS

(1) Escribiré obra, con minúscula, cuando me refiera a un cuadro, una novela, una escultura, etc., y Obra, con mayúscula, cuando me refiera al conjunto de la obra de un artista.

(2) Madrid, Ibérico Europea de Ediciones, 1976.

(3) He tratado extensamente esta idea en mi libro La novela española desde 1939. Historia de una impostura, *Madrid, Libertarias/Prodhufi, 1994.*

(4) V., entre otros, mi ensayo ¿Hacia dónde va el arte?, «Razón y Fe», *n° 1.043, julio-agosto, 1984.*

(5) Mundo y trasmundo de las leyendas de Bécquer, *Madrid, Gredos, 1970 y, especialmente,* El esoterismo de Bécquer, *Sevilla, Rodríguez Castillejo Editor, 1991.*

(6) Desde el subtitulo de este libro, separo arte de literatura, artista de escritor, para que se entienda que no me refiero sólo a las artes plásticas. Personalmente, abomino de esa costumbre de separar «artes y letras», como si la literatura no fuese una de las bellas artes.

(7) Ver sobre el tema mis ensayos Novela española actual, *Madrid, Guadarrama, 1967;* La novela española entre el documento y la metafísica, *en el tomo colectivo* La nueva novela europea, *Madrid, Guadarrama, 1968;* La novela española desde 1939. Historia de una impostura, *Madrid, Libertarias/Prodhufi, 1994, y el número monográfico que me ha dedicado la revista «Anthropos». Ver también el libro de Juan Francisco Lerena,* Orígenes de la novela metafísica, *Madrid, Heterodoxia, 1995.*

(8) La novela española desde 1939. Historia de una impostura, *citado en la nota 3.*

(9) Ibérico Europea de Ediciones, Madrid, 1976.

(10) Edaf, Madrid, 1986. Ver también: M. García Viñó, La nueva Eva, *Libertarias/Prodhufi, Madrid, 1993.*

ÍNDICE

Más información en
www.acvf.es